JN449870

세움

요한복음을 쓴다

개역개정

세움

요한복음을 쓴다

내 안에 주님을 세우는 시간

아가페

이렇게 사용하세요

제목에 쓰인 '세움'은 우리 안에 하나님을 세우고, 교회와 가정, 개인의 신앙을 바로세운다는 의미입니다.
기독교 신앙의 근본인 성경을 차분히 쓰면서 마음에 새기는 시간은, 하나님과 교제하는
뜻깊은 경험이 될 것입니다.

1 조용히 말씀에 집중할 수 있는 장소를 선택합니다.

2 먼저 눈으로 읽은 후, 소리 내어 한 번 더 읽습니다.

3 읽은 말씀을 기억하며 써 내려갑니다.

4 이해하기 어려운 단어나 문장은 가지고 있는 『아가페 쉬운성경』으로
한 번 더 읽으면 도움이 됩니다. 포스트잇이나 메모지에 그 뜻을 적어 붙여두면
더 애정이 가는 나만의 쓰기성경이 됩니다.

5 각 장 시작 부분에 있는 장별 요약을 읽고 시작하세요.

6 말씀을 쓰고 난 후 '요한복음으로 드리는 기도'로 마무리하세요.

7 본문 말씀을 자신에게 적용하면서 '말씀 적용하기'에 기록해 보세요.
미니 일기장이 됩니다.

요한복음을 쓰기 전 알아두기

누가 지었나? 사도 요한.

언제 썼나? 마태·마가·누가복음이 모두 기록된 후인 AD 70년 이후로 추정.

왜 썼나? 구약성경에 오랫동안 예언되어 온 메시아가 바로 예수 그리스도임을 믿게 하려고. 또 그 예수님을 믿음으로써 생명을 얻는다는 사실을 강조하기 위해.

무엇을 썼나? 요한은 예수 그리스도가 하나님의 아들임을 드러내기 위해 이 서신을 기록했습니다. 따라서 요한복음은 예수님이 누구인지를 드러내는 사건과 말씀 중심으로 기록되어 있습니다. 특히 "세상 죄를 지고 가는 하나님의 어린 양"(1:29)이라는 세례 요한의 증언으로 시작해, 예수님이 직접 자신에 대해 설명하는 '나는 ~다'라는 표현이 일곱 번 등장합니다(6:35; 8:12; 10:7,11; 11:25; 14:6; 15:1). 이를 통해 예수님이 직접 밝히시는 자기 정체성을 소개합니다. 표적을 소개할 때도 예수님이 행하신 모든 표적을 나열하기보다는, 그분이 하나님의 아들이라는 결정적 증거가 되는 표적을 일곱 가지만 선별해 기록합니다(2:1-11; 4:46-54; 5:1-9; 6:1-13,16-21; 9:1-41; 11:1-44).

주제는?

1. 예수님과 하나님의 일체성

요한은 예수님을 태초에 하나님과 함께 계셨던 말씀이라고 기록합니다(1:1-2). 예수님은 아버지께로부터 오셨으며(1:14), 아버지께서 그분을 나타내셨습니다(1:18). 예수님은 자신을 하나님과 동등으로 삼으셨고(5:18), 하나님과 같다고 하셨습니다(8:58; 9:35-37; 10:36; 14:9).

2. 예수님의 메시아성

요한복음에 기록된 이적은 무엇보다 예수님의 메시아적 정체성을 나타냅니다. 예수님의 사역과 말씀 안에는 하나님의 임재가 나타나 있습니다.

3. 믿음과 불신앙 사이의 선택

예수님이 베푸신 기적으로 믿음을 갖게 된 사람도 있고(2:11; 9:1-39; 11:1-44), 오히려 반감만 더 심해진 사람도 있습니다(11:46-57). 흔히 눈으로 직접 보아야 믿을 수 있다고 하지만, 요한은 오히려 믿어야 볼 수 있다고 말합니다.

제1장

저자 요한은 예수 그리스도의 성육신을 설명합니다.
즉, 영원 전부터 계셨던 예수님이 인간으로 이 땅에 오셔서
구속의 역사를 성취하셨다고 논증합니다.

말씀이 육신이 되시다

1 태초에 [1]말씀이 계시니라 이 [1]말씀이 하나님과 함께 계셨으니 이 말씀은 곧 하나님이시니라

2 그가 태초에 하나님과 함께 계셨고

3 만물이 그로 말미암아 지은 바 되었으니 지은 것이 하나도 그가 없이는 된 것이 없느니라

4 그 안에 생명이 있었으니 이 생명은 사람들의 빛이라

5 빛이 어둠에 비치되 어둠이 [2]깨닫지 못하더라

6 하나님께로부터 보내심을 받은 사람이 있으니 그의 이름은 요한이라

7 그가 증언하러 왔으니 곧 빛에 대하여 증언하고 모든 사람이 자기로 말미암아 믿게 하려 함이라

8 그는 이 빛이 아니요 이 빛에 대하여 증언하러 온 자라

9 참 빛 곧 세상에 와서 각 사람에게 비추는 빛이 있었나니

---

1 헬, 로고스

2 또는 이기지 못하더라

DATE . . .

말씀이 육신이 되시다

1

2
3

4
5
6
7

8
9

10 그가 세상에 계셨으며 세상은 그로 말미암아 지은 바 되었으되 세상이 그
를 알지 못하였고
11 [1]자기 땅에 오매 자기 백성이 영접하지 아니하였으나
12 영접하는 자 곧 그 이름을 믿는 자들에게는 하나님의 자녀가 되는 권세
를 주셨으니
13 이는 혈통으로나 육정으로나 사람의 뜻으로 나지 아니하고 오직 하나님
께로부터 난 자들이니라
14 말씀이 육신이 되어 우리 가운데 거하시매 우리가 그의 영광을 보니 아버
지의 독생자의 영광이요 은혜와 [2]진리가 충만하더라
15 요한이 그에 대하여 증언하여 외쳐 이르되 내가 전에 말하기를 내 뒤에
오시는 이가 나보다 앞선 것은 나보다 먼저 계심이라 한 것이 이 사람을
가리킴이라 하니라
16 우리가 다 그의 충만한 데서 받으니 은혜 위에 은혜러라
17 율법은 모세로 말미암아 주어진 것이요 은혜와 [2]진리는 예수 그리스도로
말미암아 온 것이라
18 본래 하나님을 본 사람이 없으되 아버지 품 속에 있는 [3]독생하신 하나님
이 나타내셨느니라

---

1 또는 자기 소유에

2 헬, 참이

3 어떤 사본에, 독생자가

DATE . . .

10

11

12

13

14

15

16

17

18

세례 요한의 증언

19 유대인들이 예루살렘에서 제사장들과 레위인들을 요한에게 보내어 네가
누구냐 물을 때에 요한의 증언이 이러하니라
20 요한이 드러내어 말하고 숨기지 아니하니 드러내어 하는 말이 나는 그리
스도가 아니라 한대
21 또 묻되 그러면 누구냐 네가 엘리야냐 이르되 나는 아니라 또 묻되 네가
그 선지자냐 대답하되 아니라
22 또 말하되 누구냐 우리를 보낸 이들에게 대답하게 하라 너는 네게 대하
여 무엇이라 하느냐
23 이르되 나는 선지자 이사야의 말과 같이 [ㄱ]주의 길을 곧게 하라고 광야에
서 외치는 자의 소리로라 하니라
24 그들은 바리새인들이 보낸 자라
25 또 물어 이르되 네가 만일 그리스도도 아니요 엘리야도 아니요 그 선지자
도 아닐진대 어찌하여 [1]세례를 베푸느냐
26 요한이 대답하되 나는 물로 [1]세례를 베풀거니와 너희 가운데 너희가 알
지 못하는 한 사람이 섰으니
27 곧 내 뒤에 오시는 그이라 나는 그의 신발끈을 풀기도 감당하지 못하겠
노라 하더라

---

1 헬, 또는 침례

ㄱ 사 40:3

DATE . . .

세례 요한의 증언

19

20

21

22

23

24

25

26

27

28 이 일은 요한이 [1]세례 베풀던 곳 요단 강 건너편 베다니에서 일어난 일이
니라

하나님의 어린 양을 보라

29 이튿날 요한이 예수께서 자기에게 나아오심을 보고 이르되 보라 세상 죄
를 지고 가는 하나님의 어린 양이로다
30 내가 전에 말하기를 내 뒤에 오는 사람이 있는데 나보다 앞선 것은 그가
나보다 먼저 계심이라 한 것이 이 사람을 가리킴이라
31 나도 그를 알지 못하였으나 내가 와서 물로 [1]세례를 베푸는 것은 그를 이
스라엘에 나타내려 함이라 하니라
32 요한이 또 증언하여 이르되 내가 보매 성령이 비둘기 같이 하늘로부터 내
려와서 그의 위에 머물렀더라
33 나도 그를 알지 못하였으나 나를 보내어 물로 [1]세례를 베풀라 하신 그이
가 나에게 말씀하시되 성령이 내려서 누구 위에든지 머무는 것을 보거든
그가 곧 성령으로 [1]세례를 베푸는 이인 줄 알라 하셨기에
34 내가 보고 그가 하나님의 아들이심을 증언하였노라 하니라

요한의 두 제자

35 또 이튿날 요한이 자기 제자 중 두 사람과 함께 섰다가
36 예수께서 거니심을 보고 말하되 보라 하나님의 어린 양이로다

---

1 헬, 또는 침례

28

하나님의 어린 양을 보라

29

30

31

32

33

34

요한의 두 제자

35

36

37 두 제자가 그의 말을 듣고 예수를 따르거늘
38 예수께서 돌이켜 그 따르는 것을 보시고 물어 이르시되 무엇을 구하느냐
이르되 랍비여 어디 계시오니이까 하니 (랍비는 번역하면 선생이라)
39 예수께서 이르시되 와서 보라 그러므로 그들이 가서 계신 데를 보고 그
날 함께 거하니 때가 열 시쯤 되었더라
40 요한의 말을 듣고 예수를 따르는 두 사람 중의 하나는 시몬 베드로의 형
제 안드레라
41 그가 먼저 자기의 형제 시몬을 찾아 말하되 우리가 메시야를 만났다 하고
(메시야는 번역하면 그리스도라)
42 데리고 예수께로 오니 예수께서 보시고 이르시되 네가 요한의 아들 시몬
이니 장차 게바라 하리라 하시니라 (게바는 번역하면 베드로라)

빌립과 나다나엘을 부르시다

43 이튿날 예수께서 갈릴리로 나가려 하시다가 빌립을 만나 이르시되 나를
따르라 하시니
44 빌립은 안드레와 베드로와 한 동네 벳새다 사람이라
45 빌립이 나다나엘을 찾아 이르되 모세가 율법에 기록하였고 여러 선지자가
기록한 그이를 우리가 만났으니 요셉의 아들 나사렛 예수니라
46 나다나엘이 이르되 나사렛에서 무슨 선한 것이 날 수 있느냐 빌립이 이르
되 와서 보라 하니라

DATE . . .

37

38

39

40

41

42

빌립과 나다나엘을 부르시다

43

44

45

46

47 예수께서 나다나엘이 자기에게 오는 것을 보시고 그를 가리켜 이르시되
보라 이는 참으로 이스라엘 사람이라 그 속에 간사한 것이 없도다
48 나다나엘이 이르되 어떻게 나를 아시나이까 예수께서 대답하여 이르
시되 빌립이 너를 부르기 전에 네가 무화과나무 아래에 있을 때에 보
았노라
49 나다나엘이 대답하되 랍비여 당신은 하나님의 아들이시요 당신은 이스라
엘의 임금이로소이다
50 예수께서 대답하여 이르시되 내가 너를 무화과나무 아래에서 보았다 하
므로 믿느냐 이보다 더 큰 일을 보리라
51 또 이르시되 진실로 진실로 너희에게 이르노니 하늘이 열리고 하나님의
사자들이 인자 위에 오르락 내리락 하는 것을 보리라 하시니라

요한복음으로 드리는 기도 주님, 희생제물로 오셔서 비천한 인생에게
구원을 베풀어주시니 그 놀라운 은혜에 감사합니다.
제 연약함을 바로 보고 주님을 온전히 따르게 하소서.

47

48

49

50

51

말씀 적용하기

제2장

요한은 예수님의 초자연적인 능력을 항상 '이적'으로 기록하는데,
이는 예수님이 메시아임을 증거하기 위함입니다.

가나의 혼례

1 사흘째 되던 날 갈릴리 가나에 혼례가 있어 예수의 어머니도 거기 계시고

2 예수와 그 제자들도 혼례에 청함을 받았더니

3 포도주가 떨어진지라 예수의 어머니가 예수에게 이르되 저들에게 포도주가 없다 하니

4 예수께서 이르시되 여자여 나와 무슨 상관이 있나이까 내 때가 아직 이르지 아니하였나이다

5 그의 어머니가 하인들에게 이르되 너희에게 무슨 말씀을 하시든지 그대로 하라 하니라

6 거기에 유대인의 정결 예식을 따라 두세 통 드는 돌항아리 여섯이 놓였는지라

7 예수께서 그들에게 이르시되 항아리에 물을 채우라 하신즉 아귀까지 채우니

8 이제는 떠서 연회장에게 갖다 주라 하시매 갖다 주었더니

DATE . . .

가나의 혼례

1

2

3

4

5

6

7

8

9 연회장은 물로 된 포도주를 맛보고도 어디서 났는지 알지 못하되 물 떠
온 하인들은 알더라 연회장이 신랑을 불러
10 말하되 사람마다 먼저 좋은 포도주를 내고 취한 후에 낮은 것을 내거늘
그대는 지금까지 좋은 포도주를 두었도다 하니라
11 예수께서 이 첫 [1]표적을 갈릴리 가나에서 행하여 그의 영광을 나타내시
매 제자들이 그를 믿으니라
12 그 후에 예수께서 그 어머니와 형제들과 제자들과 함께 가버나움으로 내
려가셨으나 거기에 여러 날 계시지는 아니하시니라

성전을 깨끗하게 하시다

13 유대인의 유월절이 가까운지라 예수께서 예루살렘으로 올라가셨더니
14 성전 안에서 소와 양과 비둘기 파는 사람들과 돈 바꾸는 사람들이 앉아
있는 것을 보시고
15 노끈으로 채찍을 만드사 양이나 소를 다 성전에서 내쫓으시고 돈 바꾸는
사람들의 돈을 쏟으시며 상을 엎으시고
16 비둘기 파는 사람들에게 이르시되 이것을 여기서 가져가라 내 아버지의
집으로 장사하는 집을 만들지 말라 하시니
17 제자들이 성경 말씀에 [ㄱ]주의 전을 사모하는 열심이 나를 삼키리라 한 것
을 기억하더라

---

1 또는 이적

ㄱ 시 69:9

9

10

11

12

성전을 깨끗하게 하시다

13

14

15

16

17

18 이에 유대인들이 대답하여 예수께 말하기를 네가 이런 일을 행하니 무슨
[1]표적을 우리에게 보이겠느냐
19 예수께서 대답하여 이르시되 너희가 이 성전을 헐라 내가 사흘 동안에 일
으키리라
20 유대인들이 이르되 이 성전은 사십육 년 동안에 지었거늘 네가 삼 일 동안
에 일으키겠느냐 하더라
21 그러나 예수는 성전된 자기 육체를 가리켜 말씀하신 것이라
22 죽은 자 가운데서 살아나신 후에야 제자들이 이 말씀하신 것을 기억하고
성경과 예수께서 하신 말씀을 믿었더라

예수는 사람의 마음속을 아신다

23 유월절에 예수께서 예루살렘에 계시니 많은 사람이 그의 행하시는 [1]표적
을 보고 그의 이름을 믿었으나
24 예수는 그의 몸을 그들에게 의탁하지 아니하셨으니 이는 친히 모든 사람
을 아심이요

---

1 또는 이적

18

19

20

21

22

예수는 사람의 마음속을 아신다

23

24

25 또 사람에 대하여 누구의 증언도 받으실 필요가 없었으니 이는 그가 친히
사람의 속에 있는 것을 아셨음이니라

요한복음으로 드리는 기도 하나님, 하나님께 값없이 받은 그 큰 은혜를 잊어버리고
형식적인 신앙생활로 주님의 마음을 아프게 한 것을 회개합니다.
참된 삶으로 세상 가운데 빛과 소금이 되게 하소서.

DATE . . .

25

말씀 적용하기

제3장

예수님은 밤중에 찾아온 니고데모에게 인간의 구원은
전적으로 하나님의 능력으로만 가능하다고 말씀하십니다.

예수와 니고데모

1 그런데 바리새인 중에 니고데모라 하는 사람이 있으니 유대인의 [1]지도
자라
2 그가 밤에 예수께 와서 이르되 랍비여 우리가 당신은 하나님께로부터 오
신 선생인 줄 아나이다 하나님이 함께 하시지 아니하시면 당신이 행하시
는 이 [2]표적을 아무도 할 수 없음이니이다
3 예수께서 대답하여 이르시되 진실로 진실로 네게 이르노니 사람이 [3]거듭
나지 아니하면 하나님의 나라를 볼 수 없느니라
4 니고데모가 이르되 사람이 늙으면 어떻게 날 수 있사옵나이까 두 번째
모태에 들어갔다가 날 수 있사옵나이까
5 예수께서 대답하시되 진실로 진실로 네게 이르노니 사람이 물과 성령으
로 나지 아니하면 하나님의 나라에 들어갈 수 없느니라
6 육으로 난 것은 육이요 영으로 난 것은 영이니
7 내가 네게 거듭나야 하겠다 하는 말을 놀랍게 여기지 말라

---

1 또는 산헤드린 공회원
2 또는 이적
3 또는 위에서

예수와 니고데모

1

2

3

4

5

6

7

8 바람이 임의로 불매 네가 그 소리는 들어도 어디서 와서 어디로 가는지
알지 못하나니 성령으로 난 사람도 다 그러하니라
9 니고데모가 대답하여 이르되 어찌 그러한 일이 있을 수 있나이까
10 예수께서 그에게 대답하여 이르시되 너는 이스라엘의 선생으로서 이러한
것들을 알지 못하느냐
11 진실로 진실로 네게 이르노니 우리는 아는 것을 말하고 본 것을 증언하노
라 그러나 너희가 우리의 증언을 받지 아니하는도다
12 내가 땅의 일을 말하여도 너희가 믿지 아니하거든 하물며 하늘의 일을 말
하면 어떻게 믿겠느냐
13 하늘에서 내려온 자 [1]곧 인자 외에는 하늘에 올라간 자가 없느니라
14 모세가 광야에서 뱀을 든 것 같이 인자도 들려야 하리니
15 이는 그를 믿는 자마다 영생을 얻게 하려 하심이니라
16 하나님이 세상을 이처럼 사랑하사 독생자를 주셨으니 이는 그를 믿는 자
마다 멸망하지 않고 영생을 얻게 하려 하심이라
17 하나님이 그 아들을 세상에 보내신 것은 세상을 [2]심판하려 하심이 아니
요 그로 말미암아 세상이 구원을 받게 하려 하심이라
18 그를 믿는 자는 [2]심판을 받지 아니하는 것이요 믿지 아니하는 자는 하나
님의 독생자의 이름을 믿지 아니하므로 벌써 [2]심판을 받은 것이니라
19 그 정죄는 이것이니 곧 빛이 세상에 왔으되 사람들이 자기 행위가 악하므
로 빛보다 어둠을 더 사랑한 것이니라

---

1 어떤 사본에, 곧 하늘에 있는 인자

2 또는 정죄

DATE . . .

8

9

10

11

12

13

14

15

16

17

18

19

20 악을 행하는 자마다 빛을 미워하여 빛으로 오지 아니하나니 이는 그 행위
가 드러날까 함이요
21 [1]진리를 따르는 자는 빛으로 오나니 이는 그 행위가 하나님 안에서 행한
것임을 나타내려 함이라 하시니라

그는 흥하고 나는 쇠하여야 하리라

22 그 후에 예수께서 제자들과 유대 땅으로 가서 거기 함께 유하시며 [2]세례
를 베푸시더라
23 요한도 살렘 가까운 애논에서 [2]세례를 베푸니 거기 물이 많음이라 그러
므로 사람들이 와서 [2]세례를 받더라
24 요한이 아직 옥에 갇히지 아니하였더라
25 이에 요한의 제자 중에서 한 유대인과 더불어 정결예식에 대하여 변론이
되었더니
26 그들이 요한에게 가서 이르되 랍비여 선생님과 함께 요단 강 저편에 있던
이 곧 선생님이 증언하시던 이가 [2]세례를 베풀매 사람이 다 그에게로 가
더이다
27 요한이 대답하여 이르되 만일 하늘에서 주신 바 아니면 사람이 아무 것도
받을 수 없느니라
28 내가 말한 바 나는 그리스도가 아니요 그의 앞에 보내심을 받은 자라고
한 것을 증언할 자는 너희니라

---

1 헬, 참
2 헬, 또는 침례

DATE . . .

20

21

그는 흥하고 나는 쇠하여야 하리라

22

23

24

25

26

27

28

29 신부를 취하는 자는 신랑이나 서서 신랑의 음성을 듣는 친구가 크게 기뻐
하나니 나는 이러한 기쁨으로 충만하였노라
30 그는 흥하여야 하겠고 나는 쇠하여야 하리라 하니라

하늘로부터 오시는 이

31 위로부터 오시는 이는 만물 위에 계시고 땅에서 난 이는 땅에 속하여
땅에 속한 것을 말하느니라 하늘로부터 오시는 이는 만물 위에 계시
나니
32 그가 친히 보고 들은 것을 증언하되 그의 증언을 받는 자가 없도다
33 그의 증언을 받는 자는 하나님이 참되시다는 것을 인쳤느니라
34 하나님이 보내신 이는 하나님의 말씀을 하나니 이는 하나님이 성령을 한
량 없이 주심이니라
35 아버지께서 아들을 사랑하사 만물을 다 그의 손에 주셨으니
36 아들을 믿는 자에게는 영생이 있고 아들에게 순종하지 아니하는 자는 영
생을 보지 못하고 도리어 하나님의 진노가 그 위에 머물러 있느니라

요한복음으로 드리는 기도 주님, 세례 요한의 모습을 통해 사명자의 본분을 깨닫습니다.
사람들의 평가에 관심 두지 않으며, 오직 하나님의 영광을 위해
세례 요한처럼 충성되게 맡은 일을 감당하게 하소서.

29

30

하늘로부터 오시는 이

31

32

33

34

35

36

말씀 적용하기

제4장

생명의 강이 흐르는 에덴동산과 생수가 성전에서 흘러나온 에스겔의 환상,
그리고 이사야의 예언 등이 예수님을 통해 성취되었음을 보여줍니다.

사마리아 여자와 말씀하시다

1 예수께서 제자를 삼고 [1]세례를 베푸시는 것이 요한보다 많다 하는 말을
바리새인들이 들은 줄을 주께서 아신지라
2 (예수께서 친히 [1]세례를 베푸신 것이 아니요 제자들이 베푼 것이라)
3 유대를 떠나사 다시 갈릴리로 가실새
4 사마리아를 통과하여야 하겠는지라
5 사마리아에 있는 수가라 하는 동네에 이르시니 야곱이 그 아들 요셉에게
준 땅이 가깝고
6 거기 또 야곱의 우물이 있더라 예수께서 길 가시다가 피곤하여 우물 곁에
그대로 앉으시니 때가 여섯 시쯤 되었더라
7 사마리아 여자 한 사람이 물을 길으러 왔으매 예수께서 물을 좀 달라 하
시니
8 이는 제자들이 먹을 것을 사러 그 동네에 들어갔음이러라

---

1 헬, 또는 침례

DATE . . .

사마리아 여자와 말씀하시다

1

2

3

4

5

6

7

8

9 사마리아 여자가 이르되 당신은 유대인으로서 어찌하여 사마리아 여자인
나에게 물을 달라 하나이까 하니 이는 유대인이 사마리아인과 상종하지
아니함이러라
10 예수께서 대답하여 이르시되 네가 만일 하나님의 선물과 또 네게 물 좀
달라 하는 이가 누구인 줄 알았더라면 네가 그에게 구하였을 것이요 그가
생수를 네게 주었으리라
11 여자가 이르되 주여 물 길을 그릇도 없고 이 우물은 깊은데 어디서 당신이
그 생수를 얻겠사옵나이까
12 우리 조상 야곱이 이 우물을 우리에게 주셨고 또 여기서 자기와 자기 아
들들과 짐승이 다 마셨는데 당신이 야곱보다 더 크니이까
13 예수께서 대답하여 이르시되 이 물을 마시는 자마다 다시 목마르려니와
14 내가 주는 물을 마시는 자는 영원히 목마르지 아니하리니 내가 주는 물
은 그 속에서 영생하도록 솟아나는 샘물이 되리라
15 여자가 이르되 주여 그런 물을 내게 주사 목마르지도 않고 또 여기 물 길
으러 오지도 않게 하옵소서
16 이르시되 가서 네 남편을 불러 오라
17 여자가 대답하여 이르되 나는 남편이 없나이다 예수께서 이르시되 네가
남편이 없다 하는 말이 옳도다
18 너에게 남편 다섯이 있었고 지금 있는 자도 네 남편이 아니니 네 말이 참되
도다
19 여자가 이르되 주여 내가 보니 선지자로소이다

DATE . . .

9

10

11

12

13

14

15

16

17

18

19

20 우리 조상들은 이 산에서 예배하였는데 당신들의 말은 예배할 곳이 예루
살렘에 있다 하더이다
21 예수께서 이르시되 여자여 내 말을 믿으라 이 산에서도 말고 예루살렘에
서도 말고 너희가 아버지께 예배할 때가 이르리라
22 너희는 알지 못하는 것을 예배하고 우리는 아는 것을 예배하노니 이는
구원이 유대인에게서 남이라
23 아버지께 참되게 예배하는 자들은 영과 진리로 예배할 때가 오나니
곧 이 때라 아버지께서는 자기에게 이렇게 예배하는 자들을 찾으시느
니라
24 하나님은 영이시니 예배하는 자가 영과 진리로 예배할지니라
25 여자가 이르되 메시야 곧 그리스도라 하는 이가 오실 줄을 내가 아노니
그가 오시면 모든 것을 우리에게 알려 주시리이다
26 예수께서 이르시되 네게 말하는 내가 그라 하시니라
27 이 때에 제자들이 돌아와서 예수께서 여자와 말씀하시는 것을 이상히 여
겼으나 무엇을 구하시나이까 어찌하여 그와 말씀하시나이까 묻는 자가
없더라
28 여자가 물동이를 버려 두고 동네로 들어가서 사람들에게 이르되
29 내가 행한 모든 일을 내게 말한 사람을 와서 보라 이는 그리스도가 아니
냐 하니
30 그들이 동네에서 나와 예수께로 오더라
31 그 사이에 제자들이 청하여 이르되 랍비여 잡수소서

DATE . . .

20

21

22

23

24

25

26

27

28

29

30

31

32 이르시되 내게는 너희가 알지 못하는 먹을 양식이 있느니라
33 제자들이 서로 말하되 누가 잡수실 것을 갖다 드렸는가 하니
34 예수께서 이르시되 나의 양식은 나를 보내신 이의 뜻을 행하며 그의 일을
온전히 이루는 이것이니라
35 너희는 넉 달이 지나야 추수할 때가 이르겠다 하지 아니하느냐 그러나
나는 너희에게 이르노니 너희 눈을 들어 밭을 보라 희어져 추수하게 되
었도다
36 거두는 자가 이미 삯도 받고 영생에 이르는 열매를 모으나니 이는 뿌리는
자와 거두는 자가 함께 즐거워하게 하려 함이라
37 그런즉 한 사람이 심고 다른 사람이 거둔다 하는 말이 옳도다
38 내가 너희로 노력하지 아니한 것을 거두러 보내었노니 다른 사람들은 노
력하였고 너희는 그들이 노력한 것에 참여하였느니라
39 여자의 말이 내가 행한 모든 것을 그가 내게 말하였다 증언하므로 그 동
네 중에 많은 사마리아인이 예수를 믿는지라
40 사마리아인들이 예수께 와서 자기들과 함께 유하시기를 청하니 거기서
이틀을 유하시매
41 예수의 말씀으로 말미암아 믿는 자가 더욱 많아
42 그 여자에게 말하되 이제 우리가 믿는 것은 네 말로 인함이 아니니 이는
우리가 친히 듣고 그가 참으로 세상의 구주신 줄 앎이라 하였더라

DATE . . .

32

33

34

35

36

37

38

39

40

41

42

왕의 신하의 아들을 고치시다

43 이틀이 지나매 예수께서 거기를 떠나 갈릴리로 가시며
44 친히 증언하시기를 선지자가 고향에서는 높임을 받지 못한다 하시고
45 갈릴리에 이르시매 갈릴리인들이 그를 영접하니 이는 자기들도 명절에 갔
다가 예수께서 명절중 예루살렘에서 하신 모든 일을 보았음이더라
46 예수께서 다시 갈릴리 가나에 이르시니 전에 물로 포도주를 만드신 곳이
라 왕의 신하가 있어 그의 아들이 가버나움에서 병들었더니
47 그가 예수께서 유대로부터 갈릴리로 오셨다는 것을 듣고 가서 청하되
내려오셔서 내 아들의 병을 고쳐 주소서 하니 그가 거의 죽게 되었음
이라
48 예수께서 이르시되 너희는 [1]표적과 기사를 보지 못하면 도무지 믿지 아
니하리라
49 신하가 이르되 주여 내 아이가 죽기 전에 내려오소서
50 예수께서 이르시되 가라 네 아들이 살아 있다 하시니 그 사람이 예수께서
하신 말씀을 믿고 가더니
51 내려가는 길에서 그 종들이 오다가 만나서 아이가 살아 있다 하거늘
52 그 낫기 시작한 때를 물은즉 어제 일곱 시에 열기가 떨어졌나이다 하는
지라
53 그의 아버지가 예수께서 네 아들이 살아 있다 말씀하신 그 때인 줄 알고
자기와 그 온 집안이 다 믿으니라

---

1 또는 이적

DATE . . .

왕의 신하의 아들을 고치시다

43

44

45

46

47

48

49

50

51

52

53

54 이것은 예수께서 유대에서 갈릴리로 오신 후에 행하신 두 번째 [1]표적이
니라

요한복음으로 드리는 기도 하나님, 제 영혼의 만족은 주님임을 고백합니다.
주님이 주시는 생수를 날마다 마시고 누리며,
그 영생의 비밀을 모르는 사람들에게 전하며 살게 하소서.

1 또는 이적

DATE . . .

54

말씀 적용하기

제5장

예수님이 38년 된 병자를 안식일에 고치신 사건이 안식일 논쟁으로 비화됩니다.
예수님은 유대인의 잘못된 안식일 준수를 비판하면서
안식일 제도의 참 의미를 밝히십니다.

오래된 병을 고치시다

1 그 후에 유대인의 명절이 되어 예수께서 예루살렘에 올라가시니라

2 예루살렘에 있는 양문 곁에 히브리 말로 베데스다라 하는 못이 있는데 거
기 행각 다섯이 있고

3 그 안에 많은 병자, 맹인, 다리 저는 사람, 혈기 마른 사람들이 누워 [1] [물
의 움직임을 기다리니

4 이는 천사가 가끔 못에 내려와 물을 움직이게 하는데 움직인 후에 먼저
들어가는 자는 어떤 병에 걸렸든지 낫게 됨이러라]

5 거기 서른여덟 해 된 병자가 있더라

6 예수께서 그 누운 것을 보시고 병이 벌써 오래된 줄 아시고 이르시되 네
가 낫고자 하느냐

7 병자가 대답하되 주여 물이 움직일 때에 나를 못에 넣어 주는 사람이 없
어 내가 가는 동안에 다른 사람이 먼저 내려가나이다

8 예수께서 이르시되 일어나 네 자리를 들고 걸어가라 하시니

9 그 사람이 곧 나아서 자리를 들고 걸어가니라 이 날은 안식일이니

---

1 어떤 사본에는, 이 괄호 내 구절이 없고 3절의 '누워'는 '누웠으니'로 되어 있음

DATE . . .

오래된 병을 고치시다

1

2

3

4

5

6

7

8

9

10 유대인들이 병 나은 사람에게 이르되 안식일인데 네가 자리를 들고 가는
것이 옳지 아니하니라
11 대답하되 나를 낫게 한 그가 자리를 들고 걸어가라 하더라 하니
12 그들이 묻되 너에게 자리를 들고 걸어가라 한 사람이 누구냐 하되
13 고침을 받은 사람은 그가 누구인지 알지 못하니 이는 거기 사람이 많으므
로 예수께서 이미 피하셨음이라
14 그 후에 예수께서 성전에서 그 사람을 만나 이르시되 보라 네가 나았으니
더 심한 것이 생기지 않게 다시는 죄를 범하지 말라 하시니
15 그 사람이 유대인들에게 가서 자기를 고친 이는 예수라 하니라
16 그러므로 안식일에 이러한 일을 행하신다 하여 유대인들이 예수를 박해
하게 된지라
17 예수께서 그들에게 이르시되 내 아버지께서 이제까지 일하시니 나도 일
한다 하시매
18 유대인들이 이로 말미암아 더욱 예수를 죽이고자 하니 이는 안식일을 범
할 뿐만 아니라 하나님을 자기의 친 아버지라 하여 자기를 하나님과 동등
으로 삼으심이러라

DATE . . .

10

11

12

13

14

15

16

17

18

아들의 권한

19 그러므로 예수께서 그들에게 이르시되 내가 진실로 진실로 너희에게
이르노니 아들이 아버지께서 하시는 일을 보지 않고는 아무 것도 스스
로 할 수 없나니 아버지께서 행하시는 그것을 아들도 그와 같이 행하느
니라
20 아버지께서 아들을 사랑하사 자기가 행하시는 것을 다 아들에게 보이시
고 또 그보다 더 큰 일을 보이사 너희로 놀랍게 여기게 하시리라
21 아버지께서 죽은 자들을 일으켜 살리심 같이 아들도 자기가 원하는 자들
을 살리느니라
22 아버지께서 아무도 심판하지 아니하시고 심판을 다 아들에게 맡기셨
으니
23 이는 모든 사람으로 아버지를 공경하는 것 같이 아들을 공경하게 하려 하
심이라 아들을 공경하지 아니하는 자는 그를 보내신 아버지도 공경하지
아니하느니라
24 내가 진실로 진실로 너희에게 이르노니 내 말을 듣고 또 나 보내신 이를
믿는 자는 영생을 얻었고 [1]심판에 이르지 아니하나니 사망에서 생명으로
옮겼느니라
25 진실로 진실로 너희에게 이르노니 죽은 자들이 하나님의 아들의 음성을
들을 때가 오나니 곧 이 때라 듣는 자는 살아나리라

---

1 또는 정죄

DATE . . .

아들의 권한

19

20

21

22

23

24

25

26 아버지께서 자기 속에 생명이 있음 같이 아들에게도 생명을 주어 그 속에
있게 하셨고
27 또 인자됨으로 말미암아 심판하는 권한을 주셨느니라
28 이를 놀랍게 여기지 말라 무덤 속에 있는 자가 다 그의 음성을 들을 때가
오나니
29 선한 일을 행한 자는 생명의 부활로, 악한 일을 행한 자는 심판의 부활로
나오리라

예수를 믿게 하는 증언

30 내가 아무 것도 스스로 할 수 없노라 듣는 대로 심판하노니 나는 나의 뜻
대로 하려 하지 않고 나를 보내신 이의 뜻대로 하려 하므로 내 심판은 의
로우니라
31 내가 만일 나를 위하여 증언하면 내 증언은 참되지 아니하되
32 나를 위하여 증언하시는 이가 따로 있으니 나를 위하여 증언하시는 그 증
언이 참인 줄 아노라
33 너희가 요한에게 사람을 보내매 요한이 진리에 대하여 증언하였느니라
34 그러나 나는 사람에게서 증언을 취하지 아니하노라 다만 이 말을 하는 것
은 너희로 구원을 받게 하려 함이니라
35 요한은 켜서 비추이는 등불이라 너희가 한때 그 빛에 즐거이 있기를 원하
였거니와

26

27

28

29

예수를 믿게 하는 증언

30

31

32

33

34

35

36 내게는 요한의 증거보다 더 큰 증거가 있으니 아버지께서 내게 주사 이루
게 하시는 역사 곧 내가 하는 그 역사가 아버지께서 나를 보내신 것을 나
를 위하여 증언하는 것이요
37 또한 나를 보내신 아버지께서 친히 나를 위하여 증언하셨느니라 너희는
아무 때에도 그 음성을 듣지 못하였고 그 형상을 보지 못하였으며
38 그 말씀이 너희 속에 거하지 아니하니 이는 그가 보내신 이를 믿지 아니함
이라
39 너희가 성경에서 영생을 얻는 줄 생각하고 성경을 연구하거니와 이 성경
이 곧 내게 대하여 증언하는 것이니라
40 그러나 너희가 영생을 얻기 위하여 내게 오기를 원하지 아니하는도다
41 나는 사람에게서 영광을 취하지 아니하노라
42 다만 하나님을 사랑하는 것이 너희 속에 없음을 알았노라
43 나는 내 아버지의 이름으로 왔으매 너희가 영접하지 아니하나 만일 다른
사람이 자기 이름으로 오면 영접하리라
44 너희가 서로 영광을 취하고 유일하신 하나님께로부터 오는 영광은 구하
지 아니하니 어찌 나를 믿을 수 있느냐
45 내가 너희를 아버지께 고발할까 생각하지 말라 너희를 고발하는 이가 있
으니 곧 너희가 바라는 자 모세니라
46 모세를 믿었더라면 또 나를 믿었으리니 이는 그가 내게 대하여 기록하였
음이라

DATE . . .

36

37

38

39

40

41

42

43

44

45

46

47 그러나 그의 글도 믿지 아니하거든 어찌 내 말을 믿겠느냐 하시니라

요한복음으로 드리는 기도 하나님, 주일을 기억하여 거룩히 지키게 하소서. 주님께서 가르쳐주신 참된 안식일의 의미를 깨달아, 사랑하고 자비를 베풀며 복음을 전하여 주님께 영광 돌리게 하소서.

DATE . . .

47

말씀 적용하기

제6장

예수님이 행하신 오병이어 사건과 물 위를 걸으신 사건이 기록되어 있습니다.
예수님은 자신을 하늘에서 내려온 산 떡이라 하시며,
인류의 영적 생명의 원천이 되심을 분명히 하십니다.

오천 명을 먹이시다

1 그 후에 예수께서 디베랴의 갈릴리 바다 건너편으로 가시매

2 큰 무리가 따르니 이는 병자들에게 행하시는 [1]표적을 보았음이러라

3 예수께서 산에 오르사 제자들과 함께 거기 앉으시니

4 마침 유대인의 명절인 유월절이 가까운지라

5 예수께서 눈을 들어 큰 무리가 자기에게로 오는 것을 보시고 빌립에게 이
르시되 우리가 어디서 떡을 사서 이 사람들을 먹이겠느냐 하시니

6 이렇게 말씀하심은 친히 어떻게 하실지를 아시고 빌립을 시험하고자 하심
이라

7 빌립이 대답하되 각 사람으로 조금씩 받게 할지라도 이백 [2]데나리온의
떡이 부족하리이다

8 제자 중 하나 곧 시몬 베드로의 형제 안드레가 예수께 여짜오되

9 여기 한 아이가 있어 보리떡 다섯 개와 물고기 두 마리를 가지고 있나이다
그러나 그것이 이 많은 사람에게 얼마나 되겠사옵나이까

---

1 또는 이적

2 은전의 명칭

DATE . . .

오천 명을 먹이시다

1

2

3

4

5

6

7

8

9

10 예수께서 이르시되 이 사람들로 [1]앉게 하라 하시니 그 곳에 잔디가 많은
지라 사람들이 [1]앉으니 수가 오천 명쯤 되더라
11 예수께서 떡을 가져 축사하신 후에 [1]앉아 있는 자들에게 나눠 주시고 물
고기도 그렇게 그들의 원대로 주시니라
12 그들이 배부른 후에 예수께서 제자들에게 이르시되 남은 조각을 거두고
버리는 것이 없게 하라 하시므로
13 이에 거두니 보리떡 다섯 개로 먹고 남은 조각이 열두 바구니에 찼더라
14 그 사람들이 예수께서 행하신 이 [2]표적을 보고 말하되 이는 참으로 세상
에 오실 그 선지자라 하더라
15 그러므로 예수께서 그들이 와서 자기를 억지로 붙들어 임금으로 삼으려
는 줄 아시고 다시 혼자 산으로 떠나 가시니라

바다 위로 걸어오시다

16 저물매 제자들이 바다에 내려가서
17 배를 타고 바다를 건너 가버나움으로 가는데 이미 어두웠고 예수는 아직
그들에게 오시지 아니하셨더니
18 큰 바람이 불어 파도가 일어나더라
19 제자들이 노를 저어 십여 리쯤 가다가 예수께서 바다 위로 걸어 배에 가
까이 오심을 보고 두려워하거늘
20 이르시되 내니 두려워하지 말라 하신대

---

1 헬, 기대어 눕게(유대인이 음식 먹을 때에 가지는 자세)

2 또는 이적

10

11

12

13

14

15

바다 위로 걸어오시다

16

17

18

19

20

21 이에 기뻐서 배로 영접하니 배는 곧 그들이 가려던 땅에 이르렀더라

생명의 떡

22 이튿날 바다 건너편에 서 있던 무리가 배 한 척 외에 다른 배가 거기 없는
것과 또 어제 예수께서 제자들과 함께 그 배에 오르지 아니하시고 제자
들만 가는 것을 보았더니
23 (그러나 디베랴에서 배들이 주께서 축사하신 후 여럿이 떡 먹던 그 곳에
가까이 왔더라)
24 무리가 거기에 예수도 안 계시고 제자들도 없음을 보고 곧 배들을 타고
예수를 찾으러 가버나움으로 가서
25 바다 건너편에서 만나 랍비여 언제 여기 오셨나이까 하니
26 예수께서 대답하여 이르시되 내가 진실로 진실로 너희에게 이르노니 너희
가 나를 찾는 것은 [1]표적을 본 까닭이 아니요 떡을 먹고 배부른 까닭이
로다
27 썩을 양식을 위하여 일하지 말고 영생하도록 있는 양식을 위하여 하라
이 양식은 인자가 너희에게 주리니 인자는 아버지 하나님께서 인치신 자
니라
28 그들이 묻되 우리가 어떻게 하여야 하나님의 일을 하오리이까
29 예수께서 대답하여 이르시되 하나님께서 보내신 이를 믿는 것이 하나님의
일이니라 하시니

---

1 또는 이적

DATE . . .

21

생명의 떡

22

23

24

25

26

27

28

29

30 그들이 묻되 그러면 우리가 보고 당신을 믿도록 행하시는 [1]표적이 무엇
이니이까, 하시는 일이 무엇이니이까
31 기록된 바 [ㄱ]하늘에서 그들에게 떡을 주어 먹게 하였다 함과 같이 우리
조상들은 광야에서 만나를 먹었나이다
32 예수께서 이르시되 내가 진실로 진실로 너희에게 이르노니 모세가 너희에
게 하늘로부터 떡을 준 것이 아니라 내 아버지께서 너희에게 하늘로부터
참 떡을 주시나니
33 하나님의 떡은 하늘에서 내려 세상에 생명을 주는 것이니라
34 그들이 이르되 주여 이 떡을 항상 우리에게 주소서
35 예수께서 이르시되 나는 생명의 떡이니 내게 오는 자는 결코 주리지 아니
할 터이요 나를 믿는 자는 영원히 목마르지 아니하리라
36 그러나 내가 너희에게 이르기를 너희는 나를 보고도 믿지 아니하는도다
하였느니라
37 아버지께서 내게 주시는 자는 다 내게로 올 것이요 내게 오는 자는 내가
결코 내쫓지 아니하리라
38 내가 하늘에서 내려온 것은 내 뜻을 행하려 함이 아니요 나를 보내신 이
의 뜻을 행하려 함이니라
39 나를 보내신 이의 뜻은 내게 주신 자 중에 내가 하나도 잃어버리지 아니
하고 마지막 날에 다시 살리는 이것이니라

---

1 또는 이적

ㄱ 출 16:4, 15; 시 78:24; 105:40; 느 9:15

DATE . . .

30

31

32

33

34

35

36

37

38

39

40 내 아버지의 뜻은 아들을 보고 믿는 자마다 영생을 얻는 이것이니 마지막
날에 내가 이를 다시 살리리라 하시니라
41 자기가 하늘에서 내려온 떡이라 하시므로 유대인들이 예수에 대하여 수
군거려
42 이르되 이는 요셉의 아들 예수가 아니냐 그 부모를 우리가 아는데 자기
가 지금 어찌하여 하늘에서 내려왔다 하느냐
43 예수께서 대답하여 이르시되 너희는 서로 수군거리지 말라
44 나를 보내신 아버지께서 이끌지 아니하시면 아무도 내게 올 수 없으니 오
는 그를 내가 마지막 날에 다시 살리리라
45 선지자의 글에 ㄱ그들이 다 하나님의 가르치심을 받으리라 기록되었은즉
아버지께 듣고 배운 사람마다 내게로 오느니라
46 이는 아버지를 본 자가 있다는 것이 아니니라 오직 하나님에게서 온 자만
아버지를 보았느니라
47 진실로 진실로 너희에게 이르노니 믿는 자는 영생을 가졌나니
48 내가 곧 생명의 떡이니라
49 너희 조상들은 광야에서 만나를 먹었어도 죽었거니와
50 이는 하늘에서 내려오는 떡이니 사람으로 하여금 먹고 죽지 아니하게 하
는 것이니라
51 나는 하늘에서 내려온 살아 있는 떡이니 사람이 이 떡을 먹으면 영생하리
라 내가 줄 떡은 곧 세상의 생명을 위한 내 살이니라 하시니라

ㄱ 사54:13

DATE . . .

40

41

42

43

44

45

46

47

48

49

50

51

52 그러므로 유대인들이 서로 다투어 이르되 이 사람이 어찌 능히 자기 살을
우리에게 주어 먹게 하겠느냐
53 예수께서 이르시되 내가 진실로 진실로 너희에게 이르노니 인자의 살
을 먹지 아니하고 인자의 피를 마시지 아니하면 너희 속에 생명이 없느
니라
54 내 살을 먹고 내 피를 마시는 자는 영생을 가졌고 마지막 날에 내가 그를
다시 살리리니
55 내 살은 참된 양식이요 내 피는 참된 음료로다
56 내 살을 먹고 내 피를 마시는 자는 내 안에 거하고 나도 그의 안에 거하
나니
57 살아 계신 아버지께서 나를 보내시매 내가 아버지로 말미암아 사는 것 같
이 나를 먹는 그 사람도 나로 말미암아 살리라
58 이것은 하늘에서 내려온 떡이니 조상들이 먹고도 죽은 그것과 같지 아니
하여 이 떡을 먹는 자는 영원히 살리라
59 이 말씀은 예수께서 가버나움 회당에서 가르치실 때에 하셨느니라

영생의 말씀

60 제자 중 여럿이 듣고 말하되 이 말씀은 어렵도다 누가 들을 수 있느냐
한대

DATE . . .

52

53

54

55

56

57

58

59

영생의 말씀

60

61 예수께서 스스로 제자들이 이 말씀에 대하여 수군거리는 줄 아시고 이르
시되 이 말이 [1]너희에게 걸림이 되느냐
62 그러면 너희는 인자가 이전에 있던 곳으로 올라가는 것을 본다면 어떻게
하겠느냐
63 살리는 것은 영이니 육은 무익하니라 내가 너희에게 이른 말은 영이요 생
명이라
64 그러나 너희 중에 믿지 아니하는 자들이 있느니라 하시니 이는 예수께서
믿지 아니하는 자들이 누구며 자기를 팔 자가 누구인지 처음부터 아심이
러라
65 또 이르시되 그러므로 전에 너희에게 말하기를 내 아버지께서 오게 하여
주지 아니하시면 누구든지 내게 올 수 없다 하였노라 하시니라
66 그 때부터 그의 제자 중에서 많은 사람이 떠나가고 다시 그와 함께 다니
지 아니하더라
67 예수께서 열두 제자에게 이르시되 너희도 가려느냐
68 시몬 베드로가 대답하되 주여 영생의 말씀이 주께 있사오니 우리가 누구
에게로 가오리이까
69 우리가 주는 하나님의 거룩하신 자이신 줄 믿고 알았사옵나이다
70 예수께서 대답하시되 내가 너희 열둘을 택하지 아니하였느냐 그러나 너
희 중의 한 사람은 마귀니라 하시니

---

1 또는 너희로 실족하게 하느냐

DATE . . .

61

62

63

64

65

66

67

68

69

70

71 이 말씀은 가룟 시몬의 아들 유다를 가리키심이라 그는 열둘 중의 하나
로 예수를 팔 자러라

요한복음으로 드리는 기도 하나님, 오늘도 주님의 죽으심에 동참하여
죄에 대해 죽을 수 있기를 기도합니다.
늘 구원의 벅찬 감격 속에서 그 은혜를 묵상하며 살아가게 하소서.

DATE . . .

71

말씀 적용하기

제7장

초막절을 앞두고 예수님은 다시 예루살렘으로 입성하십니다.
곧 수난받으실 예수님이 유대교의 본거지를 다시 방문하신 것은
천국 복음을 널리 전파하기 위함이었습니다.

형제들까지도 예수를 믿지 아니하다

1 그 후에 예수께서 갈릴리에서 다니시고 유대에서 다니려 아니하심은 유대인들이 죽이려 함이러라

2 유대인의 명절인 초막절이 가까운지라

3 그 형제들이 예수께 이르되 당신이 행하는 일을 제자들도 보게 여기를 떠나 유대로 가소서

4 스스로 나타나기를 구하면서 묻혀서 일하는 사람이 없나니 이 일을 행하려 하거든 자신을 세상에 나타내소서 하니

5 이는 그 형제들까지도 예수를 믿지 아니함이러라

6 예수께서 이르시되 내 때는 아직 이르지 아니하였거니와 너희 때는 늘 준비되어 있느니라

7 세상이 너희를 미워하지 아니하되 나를 미워하나니 이는 내가 세상의 일들을 악하다고 증언함이라

8 너희는 명절에 올라가라 내 때가 아직 차지 못하였으니 나는 이 명절에 아직 올라가지 아니하노라

9 이 말씀을 하시고 갈릴리에 머물러 계시니라

DATE . . .

형제들까지도 예수를 믿지 아니하다

1

2

3

4

5

6

7

8

9

명절을 지키러 올라가시다

10 그 형제들이 명절에 올라간 후에 자기도 올라가시되 나타내지 않고 은밀
히 가시니라
11 명절중에 유대인들이 예수를 찾으면서 그가 어디 있느냐 하고
12 예수에 대하여 무리 중에서 수군거림이 많아 어떤 사람은 좋은 사람이라
하며 어떤 사람은 아니라 무리를 미혹한다 하나
13 그러나 유대인들을 두려워하므로 드러나게 그에 대하여 말하는 자가 없
더라
14 이미 명절의 중간이 되어 예수께서 성전에 올라가사 가르치시니
15 유대인들이 놀랍게 여겨 이르되 이 사람은 배우지 아니하였거늘 어떻게
글을 아느냐 하니
16 예수께서 대답하여 이르시되 내 교훈은 내 것이 아니요 나를 보내신 이의
것이니라
17 사람이 하나님의 뜻을 행하려 하면 이 교훈이 하나님께로부터 왔는지 내
가 스스로 말함인지 알리라
18 스스로 말하는 자는 자기 영광만 구하되 보내신 이의 영광을 구하는 자
는 참되니 그 속에 불의가 없느니라
19 모세가 너희에게 율법을 주지 아니하였느냐 너희 중에 율법을 지키는 자
가 없도다 너희가 어찌하여 나를 죽이려 하느냐
20 무리가 대답하되 당신은 귀신이 들렸도다 누가 당신을 죽이려 하나
이까

DATE . . .

명절을 지키러 올라가시다

10

11

12

13

14

15

16

17

18

19

20

21 예수께서 대답하여 이르시되 내가 한 가지 일을 행하매 너희가 다 이로
말미암아 이상히 여기는도다
22 모세가 너희에게 할례를 행했으니 (그러나 할례는 모세에게서 난 것이
아니요 조상들에게서 난 것이라) 그러므로 너희가 안식일에도 사람에게
할례를 행하느니라
23 모세의 율법을 범하지 아니하려고 사람이 안식일에도 할례를 받는 일이
있거든 내가 안식일에 사람의 전신을 건전하게 한 것으로 너희가 내게 노
여워하느냐
24 외모로 판단하지 말고 공의롭게 판단하라 하시니라

예수를 잡고자 하나

25 예루살렘 사람 중에서 어떤 사람이 말하되 이는 그들이 죽이고자 하는
그 사람이 아니냐
26 보라 드러나게 말하되 그들이 아무 말도 아니하는도다 당국자들은 이 사
람을 참으로 그리스도인 줄 알았는가
27 그러나 우리는 이 사람이 어디서 왔는지 아노라 그리스도께서 오실 때에
는 어디서 오시는지 아는 자가 없으리라 하는지라
28 예수께서 성전에서 가르치시며 외쳐 이르시되 너희가 나를 알고 내가 어
디서 온 것도 알거니와 내가 스스로 온 것이 아니니라 나를 보내신 이는
참되시니 너희는 그를 알지 못하나
29 나는 아노니 이는 내가 그에게서 났고 그가 나를 보내셨음이라 하시니

21

22

23

24

예수를 잡고자 하나

25

26

27

28

29

30 그들이 예수를 잡고자 하나 손을 대는 자가 없으니 이는 그의 때가 아직
이르지 아니하였음이러라
31 무리 중의 많은 사람이 예수를 믿고 말하되 그리스도께서 오실지라도 그
행하실 [1] 표적이 이 사람이 행한 것보다 더 많으랴 하니
32 예수에 대하여 무리가 수군거리는 것이 바리새인들에게 들린지라 대제사
장들과 바리새인들이 그를 잡으려고 아랫사람들을 보내니
33 예수께서 이르시되 내가 너희와 함께 조금 더 있다가 나를 보내신 이에게
로 돌아가겠노라
34 너희가 나를 찾아도 만나지 못할 터이요 나 있는 곳에 오지도 못하리라
하시니
35 이에 유대인들이 서로 묻되 이 사람이 어디로 가기에 우리가 그를 만나지
못하리요 헬라인 중에 흩어져 사는 자들에게로 가서 헬라인을 가르칠 터
인가
36 나를 찾아도 만나지 못할 터이요 나 있는 곳에 오지도 못하리라 한 이 말
이 무슨 말이냐 하니라

배에서 생수의 강이 흘러나오리라

37 명절 끝날 곧 큰 날에 예수께서 서서 외쳐 이르시되 누구든지 목마르거든
내게로 와서 마시라

---

1 또는 이적

DATE . . .

30

31

32

33

34

35

36

배에서 생수의 강이 흘러나오리라

37

38 나를 믿는 자는 성경에 이름과 같이 그 배에서 생수의 강이 흘러나오리라
하시니
39 이는 그를 믿는 자들이 받을 성령을 가리켜 말씀하신 것이라 (예수께서
아직 영광을 받지 않으셨으므로 성령이 아직 그들에게 계시지 아니하시
더라)
40 이 말씀을 들은 무리 중에서 어떤 사람은 이 사람이 참으로 그 선지자라
하며
41 어떤 사람은 그리스도라 하며 어떤 이들은 그리스도가 어찌 갈릴리에서
나오겠느냐
42 ㄱ성경에 이르기를 그리스도는 다윗의 씨로 또 다윗이 살던 마을 베들레
헴에서 나오리라 하지 아니하였느냐 하며
43 예수로 말미암아 무리 중에서 쟁론이 되니
44 그 중에는 그를 잡고자 하는 자들도 있으나 손을 대는 자가 없었더라

대제사장들과 바리새인들은 믿지 않다

45 아랫사람들이 대제사장들과 바리새인들에게로 오니 그들이 묻되 어찌하
여 잡아오지 아니하였느냐
46 아랫사람들이 대답하되 그 사람이 말하는 것처럼 말한 사람은 이 때까지
없었나이다 하니
47 바리새인들이 대답하되 너희도 미혹되었느냐

ㄱ 삼하 7:12 이하; 미 5:2

DATE . . .

38

39

40

41

42

43

44

대제사장들과 바리새인들은 믿지 않다

45

46

47

48 당국자들이나 바리새인 중에 그를 믿는 자가 있느냐
49 율법을 알지 못하는 이 무리는 저주를 받은 자로다
50 그 중의 한 사람 곧 전에 예수께 왔던 니고데모가 그들에게 말하되
51 우리 율법은 사람의 말을 듣고 그 행한 것을 알기 전에 심판하느냐
52 그들이 대답하여 이르되 너도 갈릴리에서 왔느냐 찾아 보라 갈릴리에서
는 선지자가 나지 못하느니라 하였더라

음행중에 잡혀온 여자가 용서 받다

53 [1][다 각각 집으로 돌아가고

요한복음으로 드리는 기도 하나님, 믿음이 깊어질수록 말씀도 깊이 볼 수 있게 하소서.
주님의 말씀을 훼손하는 헛된 논리에 흔들리지 않으며,
말씀을 굳건히 붙잡고 매일의 삶을 살게 하소서.

---

1 어떤 사본에, 7:53부터 8:11까지 없음

DATE . . .

48

49

50

51

52

음행중에 잡혀온 여자가 용서 받다

53

말씀 적용하기

제8장

예수님은 세상의 빛으로 성부와 동등한 자로 오셔서
참 진리에 대해 증거하셨지만, 사람들은 돌로 치려고 했습니다.

1 예수는 감람 산으로 가시니라
2 아침에 다시 성전으로 들어오시니 백성이 다 나아오는지라 앉으사 그들
을 가르치시더니
3 서기관들과 바리새인들이 음행중에 잡힌 여자를 끌고 와서 가운데 세
우고
4 예수께 말하되 선생이여 이 여자가 간음하다가 현장에서 잡혔나이다
5 ㄱ모세는 율법에 이러한 여자를 돌로 치라 명하였거니와 선생은 어떻게
말하겠나이까
6 그들이 이렇게 말함은 고발할 조건을 얻고자 하여 예수를 시험함이러라
예수께서 몸을 굽히사 손가락으로 땅에 쓰시니
7 그들이 묻기를 마지 아니하는지라 이에 일어나 이르시되 너희 중에 죄 없
는 자가 먼저 돌로 치라 하시고
8 다시 몸을 굽혀 손가락으로 땅에 쓰시니

ㄱ 레 20:10; 신 22:22 이하

DATE . . .

1

2

3

4

5

6

7

8

9 그들이 이 말씀을 듣고 양심에 가책을 느껴 어른으로 시작하여 젊은이까
지 하나씩 하나씩 나가고 오직 예수와 그 가운데 섰는 여자만 남았더라
10 예수께서 일어나사 여자 외에 아무도 없는 것을 보시고 이르시되 여자여
너를 고발하던 그들이 어디 있느냐 너를 정죄한 자가 없느냐
11 대답하되 주여 없나이다 예수께서 이르시되 나도 너를 정죄하지 아니하
노니 가서 다시는 죄를 범하지 말라 하시니라]

나는 세상의 빛

12 예수께서 또 말씀하여 이르시되 나는 세상의 빛이니 나를 따르는 자는
어둠에 다니지 아니하고 생명의 빛을 얻으리라
13 바리새인들이 이르되 네가 너를 위하여 증언하니 네 증언은 참되지 아니
하도다
14 예수께서 대답하여 이르시되 내가 나를 위하여 증언하여도 내 증언이 참
되니 나는 내가 어디서 오며 어디로 가는 것을 알거니와 너희는 내가 어디
서 오며 어디로 가는 것을 알지 못하느니라
15 너희는 육체를 따라 판단하나 나는 아무도 판단하지 아니하노라
16 만일 내가 판단하여도 내 판단이 참되니 이는 내가 혼자 있는 것이 아니
요 나를 보내신 이가 나와 함께 계심이라
17 너희 [ㄱ]율법에도 두 사람의 증언이 참되다 기록되었으니

ㄱ 신 19:15; 17:6

DATE . . .

9

10

11

나는 세상의 빛

12

13

14

15

16

17

18 내가 나를 위하여 증언하는 자가 되고 나를 보내신 아버지도 나를 위하여
증언하시느니라
19 이에 그들이 묻되 네 아버지가 어디 있느냐 예수께서 대답하시되 너희는
나를 알지 못하고 내 아버지도 알지 못하는도다 나를 알았더라면 내 아버
지도 알았으리라
20 이 말씀은 성전에서 가르치실 때에 헌금함 앞에서 하셨으나 잡는 사람이
없으니 이는 그의 때가 아직 이르지 아니하였음이러라

내가 가는 곳

21 다시 이르시되 내가 가리니 너희가 나를 찾다가 너희 죄 가운데서 죽겠고
내가 가는 곳에는 너희가 오지 못하리라
22 유대인들이 이르되 그가 말하기를 내가 가는 곳에는 너희가 오지 못하리
라 하니 그가 자결하려는가
23 예수께서 이르시되 너희는 아래에서 났고 나는 위에서 났으며 너희는 이
세상에 속하였고 나는 이 세상에 속하지 아니하였느니라
24 그러므로 내가 너희에게 말하기를 너희가 너희 죄 가운데서 죽으리라
하였노라 너희가 만일 내가 그인 줄 믿지 아니하면 너희 죄 가운데서 죽
으리라
25 그들이 말하되 네가 누구냐 예수께서 이르시되 나는 처음부터 너희에게
말하여 온 자니라

DATE . . .

18

19

20

내가 가는 곳

21

22

23

24

25

26 내가 너희에게 대하여 말하고 판단할 것이 많으나 나를 보내신 이가 참되
시매 내가 그에게 들은 그것을 세상에 말하노라 하시되
27 그들은 아버지를 가리켜 말씀하신 줄을 깨닫지 못하더라
28 이에 예수께서 이르시되 너희가 인자를 든 후에 내가 그인 줄을 알고 또
내가 스스로 아무 것도 하지 아니하고 오직 아버지께서 가르치신 대로 이
런 것을 말하는 줄도 알리라
29 나를 보내신 이가 나와 함께 하시도다 나는 항상 그가 기뻐하시는 일을
행하므로 나를 혼자 두지 아니하셨느니라
30 이 말씀을 하시매 많은 사람이 믿더라

진리가 너희를 자유롭게 하리라

31 그러므로 예수께서 자기를 믿은 유대인들에게 이르시되 너희가 내 말에
거하면 참으로 내 제자가 되고
32 진리를 알지니 진리가 너희를 자유롭게 하리라
33 그들이 대답하되 우리가 아브라함의 자손이라 남의 종이 된 적이 없거늘
어찌하여 우리가 자유롭게 되리라 하느냐
34 예수께서 대답하시되 진실로 진실로 너희에게 이르노니 죄를 범하는 자
마다 죄의 종이라
35 종은 영원히 집에 거하지 못하되 아들은 영원히 거하나니
36 그러므로 아들이 너희를 자유롭게 하면 너희가 참으로 자유로우리라

DATE . . .

26

27

28

29

30

진리가 너희를 자유롭게 하리라

31

32

33

34

35

36

37 나도 너희가 아브라함의 자손인 줄 아노라 그러나 내 말이 너희 안에 있
을 곳이 없으므로 나를 죽이려 하는도다
38 나는 내 아버지에게서 본 것을 말하고 너희는 너희 아비에게서 들은 것을
행하느니라
39 대답하여 이르되 우리 아버지는 아브라함이라 하니 예수께서 이르시되
너희가 아브라함의 자손이면 아브라함이 행한 일들을 할 것이거늘
40 지금 하나님께 들은 진리를 너희에게 말한 사람인 나를 죽이려 하는도다
아브라함은 이렇게 하지 아니하였느니라
41 너희는 너희 아비가 행한 일들을 하는도다 대답하되 우리가 음란한 데서
나지 아니하였고 아버지는 한 분뿐이시니 곧 하나님이시로다
42 예수께서 이르시되 하나님이 너희 아버지였으면 너희가 나를 사랑하였으
리니 이는 내가 하나님께로부터 나와서 왔음이라 나는 스스로 온 것이
아니요 아버지께서 나를 보내신 것이니라
43 어찌하여 내 말을 깨닫지 못하느냐 이는 내 말을 들을 줄 알지 못함이
로다
44 너희는 너희 아비 마귀에게서 났으니 너희 아비의 욕심대로 너희도 행하
고자 하느니라 그는 처음부터 살인한 자요 [1]진리가 그 속에 없으므로 [1]진
리에 서지 못하고 거짓을 말할 때마다 제 것으로 말하나니 이는 그가 거
짓말쟁이요 거짓의 아비가 되었음이라
45 내가 [1]진리를 말하므로 너희가 나를 믿지 아니하는도다

---

1 또는 참된 것

DATE . . .

37

38

39

40

41

42

43

44

45

46 너희 중에 누가 나를 죄로 책잡겠느냐 내가 [1]진리를 말하는데도 어찌하
여 나를 믿지 아니하느냐
47 하나님께 속한 자는 하나님의 말씀을 듣나니 너희가 듣지 아니함은 하나
님께 속하지 아니하였음이로다
48 유대인들이 대답하여 이르되 우리가 너를 사마리아 사람이라 또는 귀신
이 들렸다 하는 말이 옳지 아니하냐
49 예수께서 대답하시되 나는 귀신 들린 것이 아니라 오직 내 아버지를 공경
함이거늘 너희가 나를 무시하는도다
50 나는 내 영광을 구하지 아니하나 구하고 판단하시는 이가 계시니라
51 진실로 진실로 너희에게 이르노니 사람이 내 말을 지키면 영원히 죽음을
보지 아니하리라
52 유대인들이 이르되 지금 네가 귀신 들린 줄을 아노라 아브라함과 선지자
들도 죽었거늘 네 말은 사람이 내 말을 지키면 영원히 죽음을 맛보지 아
니하리라 하니
53 너는 이미 죽은 우리 조상 아브라함보다 크냐 또 선지자들도 죽었거늘 너
는 너를 누구라 하느냐
54 예수께서 대답하시되 내가 내게 영광을 돌리면 내 영광이 아무 것도 아니
거니와 내게 영광을 돌리시는 이는 내 아버지시니 곧 너희가 너희 하나님
이라 칭하는 그이시라

---

1 또는 참된 것

DATE . . .

46

47

48

49

50

51

52

53

54

55 너희는 그를 알지 못하되 나는 아노니 만일 내가 알지 못한다 하면 나도
너희 같이 거짓말쟁이가 되리라 나는 그를 알고 또 그의 말씀을 지키노라
56 너희 조상 아브라함은 나의 때 볼 것을 즐거워하다가 보고 기뻐하였느
니라
57 유대인들이 이르되 네가 아직 오십 세도 못되었는데 아브라함을 보았
느냐
58 예수께서 이르시되 진실로 진실로 너희에게 이르노니 아브라함이 나기 전
부터 내가 있느니라 하시니
59 그들이 돌을 들어 치려 하거늘 예수께서 숨어 성전에서 나가시니라

요한복음으로 드리는 기도 하나님, 지체의 허물이 보일 때
먼저 저 자신을 돌아보게 하소서.
남을 정죄하지 않으며 진실한 용서를 베풀어 영혼을 살릴 수 있도록 도우소서.

DATE . . .

55

56

57

58

59

말씀 적용하기

제9장

예수님께 고침받은 맹인이 부모와 바리새인들의 위협에도 불구하고
담대하게 자기가 체험한 구원 사건을 증거합니다.

날 때부터 맹인 된 사람을 고치시다

1 예수께서 길을 가실 때에 날 때부터 맹인 된 사람을 보신지라

2 제자들이 물어 이르되 랍비여 이 사람이 맹인으로 난 것이 누구의 죄로 인
함이니이까 자기니이까 그의 부모니이까

3 예수께서 대답하시되 이 사람이나 그 부모의 죄로 인한 것이 아니라 그에
게서 하나님이 하시는 일을 나타내고자 하심이라

4 때가 아직 낮이매 나를 보내신 이의 일을 우리가 하여야 하리라 밤이 오
리니 그 때는 아무도 일할 수 없느니라

5 내가 세상에 있는 동안에는 세상의 빛이로라

6 이 말씀을 하시고 땅에 침을 뱉어 진흙을 이겨 그의 눈에 바르시고

7 이르시되 실로암 못에 가서 씻으라 하시니 (실로암은 번역하면 보냄을 받
았다는 뜻이라) 이에 가서 씻고 밝은 눈으로 왔더라

8 이웃 사람들과 전에 그가 걸인인 것을 보았던 사람들이 이르되 이는 앉아
서 구걸하던 자가 아니냐

9 어떤 사람은 그 사람이라 하며 어떤 사람은 아니라 그와 비슷하다 하거늘
자기 말은 내가 그라 하니

DATE . . .

날 때부터 맹인 된 사람을 고치시다

1

2

3

4

5

6

7

8

9

10 그들이 묻되 그러면 네 눈이 어떻게 떠졌느냐
11 대답하되 예수라 하는 그 사람이 진흙을 이겨 내 눈에 바르고 나더러 실
로암에 가서 씻으라 하기에 가서 씻었더니 보게 되었노라
12 그들이 이르되 그가 어디 있느냐 이르되 알지 못하노라 하니라

보게 된 맹인과 바리새인들

13 그들이 전에 맹인이었던 사람을 데리고 바리새인들에게 갔더라
14 예수께서 진흙을 이겨 눈을 뜨게 하신 날은 안식일이라
15 그러므로 바리새인들도 그가 어떻게 보게 되었는지를 물으니 이르되 그
사람이 진흙을 내 눈에 바르매 내가 씻고 보나이다 하니
16 바리새인 중에 어떤 사람은 말하되 이 사람이 안식일을 지키지 아니하니
하나님께로부터 온 자가 아니라 하며 어떤 사람은 말하되 죄인으로서 어
떻게 이러한 [1]표적을 행하겠느냐 하여 그들 중에 분쟁이 있었더니
17 이에 맹인되었던 자에게 다시 묻되 그 사람이 네 눈을 뜨게 하였으니 너
는 그를 어떠한 사람이라 하느냐 대답하되 선지자니이다 하니
18 유대인들이 그가 맹인으로 있다가 보게 된 것을 믿지 아니하고 그 부모를
불러 묻되
19 이는 너희 말에 맹인으로 났다 하는 너희 아들이냐 그러면 지금은 어떻게
해서 보느냐

---

1 또는 이적

10

11

12

보게 된 맹인과 바리새인들

13

14

15

16

17

18

19

20 그 부모가 대답하여 이르되 이 사람이 우리 아들인 것과 맹인으로 난 것
을 아나이다
21 그러나 지금 어떻게 해서 보는지 또는 누가 그 눈을 뜨게 하였는지 우리
는 알지 못하나이다 그에게 물어 보소서 그가 장성하였으니 자기 일을 말
하리이다
22 그 부모가 이렇게 말한 것은 이미 유대인들이 누구든지 예수를 그리스도
로 시인하는 자는 출교하기로 결의하였으므로 그들을 무서워함이러라
23 이러므로 그 부모가 말하기를 그가 장성하였으니 그에게 물어 보소서 하
였더라
24 이에 그들이 맹인이었던 사람을 두 번째 불러 이르되 너는 하나님께 영광
을 돌리라 우리는 이 사람이 죄인인 줄 아노라
25 대답하되 그가 죄인인지 내가 알지 못하나 한 가지 아는 것은 내가 맹인
으로 있다가 지금 보는 그것이니이다
26 그들이 이르되 그 사람이 네게 무엇을 하였느냐 어떻게 네 눈을 뜨게 하
였느냐
27 대답하되 내가 이미 일렀어도 듣지 아니하고 어찌하여 다시 듣고자 하나
이까 당신들도 그의 제자가 되려 하나이까
28 그들이 욕하여 이르되 너는 그의 제자이나 우리는 모세의 제자라
29 하나님이 모세에게는 말씀하신 줄을 우리가 알거니와 이 사람은 어디서
왔는지 알지 못하노라

DATE . . .

20

21

22

23

24

25

26

27

28

29

30 그 사람이 대답하여 이르되 이상하다 이 사람이 내 눈을 뜨게 하였으되
당신들은 그가 어디서 왔는지 알지 못하는도다
31 하나님이 죄인의 말을 듣지 아니하시고 경건하여 그의 뜻대로 행하는 자
의 말은 들으시는 줄을 우리가 아나이다
32 창세 이후로 맹인으로 난 자의 눈을 뜨게 하였다 함을 듣지 못하였으니
33 이 사람이 하나님께로부터 오지 아니하였으면 아무 일도 할 수 없으리
이다
34 그들이 대답하여 이르되 네가 온전히 죄 가운데서 나서 우리를 가르치느
냐 하고 이에 쫓아내어 보내니라

맹인이 되었더라면 죄가 없으려니와

35 예수께서 그들이 그 사람을 쫓아냈다 하는 말을 들으셨더니 그를 만나사
이르시되 네가 [1]인자를 믿느냐
36 대답하여 이르되 주여 그가 누구시오니이까 내가 믿고자 하나이다
37 예수께서 이르시되 네가 그를 보았거니와 지금 너와 말하는 자가 그이
니라
38 이르되 주여 내가 믿나이다 하고 절하는지라
39 예수께서 이르시되 내가 심판하러 이 세상에 왔으니 보지 못하는 자들은
보게 하고 보는 자들은 맹인이 되게 하려 함이라 하시니

---

1 어떤 사본에, 하나님의 아들을

30

31

32

33

34

맹인이 되었더라면 죄가 없으려니와

35

36

37

38

39

40 바리새인 중에 예수와 함께 있던 자들이 이 말씀을 듣고 이르되 우리도
맹인인가
41 예수께서 이르시되 너희가 맹인이 되었더라면 죄가 없으려니와 본다고 하
니 너희 죄가 그대로 있느니라

요한복음으로 드리는 기도 하나님, 어떤 상황에서도 주님의 주 되심을 당당히 고백하게 하소서. 주님의 영광에 사로잡혀 핍박과 위협에도 굴하지 않는 신앙의 위대함을 경험하기 원합니다.

DATE . . .

40

41

말씀 적용하기

제10장

예수님은 자신을 참 목자로 선포하고, 참 목자로서 양들의 생명을 위해
목숨 바칠 것을 계시하십니다.

양의 우리 비유

1 내가 진실로 진실로 너희에게 이르노니 문을 통하여 양의 우리에 들어가지 아니하고 다른 데로 넘어가는 자는 절도며 강도요

2 문으로 들어가는 이는 양의 목자라

3 문지기는 그를 위하여 문을 열고 양은 그의 음성을 듣나니 그가 자기 양의 이름을 각각 불러 인도하여 내느니라

4 자기 양을 다 내놓은 후에 앞서 가면 양들이 그의 음성을 아는 고로 따라오되

5 타인의 음성은 알지 못하는 고로 타인을 따르지 아니하고 도리어 도망하느니라

6 예수께서 이 비유로 그들에게 말씀하셨으나 그들은 그가 하신 말씀이 무엇인지 알지 못하니라

선한 목자

7 그러므로 예수께서 다시 이르시되 내가 진실로 진실로 너희에게 말하노니 나는 양의 문이라

DATE . . .

양의 우리 비유

1

2

3

4

5

6

선한 목자

7

8 나보다 먼저 온 자는 다 절도요 강도니 양들이 듣지 아니하였느니라
9 내가 문이니 누구든지 나로 말미암아 들어가면 구원을 받고 또는 들어가
며 나오며 꼴을 얻으리라
10 도둑이 오는 것은 도둑질하고 죽이고 멸망시키려는 것뿐이요 내가 온 것
은 양으로 생명을 얻게 하고 더 풍성히 얻게 하려는 것이라
11 나는 선한 목자라 선한 목자는 양들을 위하여 목숨을 버리거니와
12 삯꾼은 목자가 아니요 양도 제 양이 아니라 이리가 오는 것을 보면 양을
버리고 달아나나니 이리가 양을 물어 가고 또 헤치느니라
13 달아나는 것은 그가 삯꾼인 까닭에 양을 돌보지 아니함이나
14 나는 선한 목자라 나는 내 양을 알고 양도 나를 아는 것이
15 아버지께서 나를 아시고 내가 아버지를 아는 것 같으니 나는 양을 위하여
목숨을 버리노라
16 또 이 우리에 들지 아니한 다른 양들이 내게 있어 내가 인도하여야 할 터
이니 그들도 내 음성을 듣고 한 무리가 되어 한 목자에게 있으리라
17 내가 내 목숨을 버리는 것은 그것을 내가 다시 얻기 위함이니 이로 말미암
아 아버지께서 나를 사랑하시느니라
18 이를 내게서 빼앗는 자가 있는 것이 아니라 내가 스스로 버리노라 나는
버릴 권세도 있고 다시 얻을 권세도 있으니 이 계명은 내 아버지에게서 받
았노라 하시니라
19 이 말씀으로 말미암아 유대인 중에 다시 분쟁이 일어나니

DATE . . .

8

9

10

11

12

13

14

15

16

17

18

19

20 그 중에 많은 사람이 말하되 그가 귀신 들려 미쳤거늘 어찌하여 그 말을
듣느냐 하며
21 어떤 사람은 말하되 이 말은 귀신 들린 자의 말이 아니라 귀신이 맹인의
눈을 뜨게 할 수 있느냐 하더라

유대인들이 예수를 돌로 치려 하다

22 예루살렘에 수전절이 이르니 때는 겨울이라
23 예수께서 성전 안 솔로몬 행각에서 거니시니
24 유대인들이 에워싸고 이르되 당신이 언제까지나 우리 마음을 의혹하게
하려 하나이까 그리스도이면 밝히 말씀하소서 하니
25 예수께서 대답하시되 내가 너희에게 말하였으되 믿지 아니하는도다 내가
내 아버지의 이름으로 행하는 일들이 나를 증거하는 것이거늘
26 너희가 내 양이 아니므로 믿지 아니하는도다
27 내 양은 내 음성을 들으며 나는 그들을 알며 그들은 나를 따르느니라
28 내가 그들에게 영생을 주노니 영원히 멸망하지 아니할 것이요 또 그들을
내 손에서 빼앗을 자가 없느니라
29 [1]그들을 주신 내 아버지는 만물보다 크시매 아무도 아버지 손에서 빼앗
을 수 없느니라
30 나와 아버지는 하나이니라 하신대
31 유대인들이 다시 돌을 들어 치려 하거늘

---

1 어떤 사본에, 내 아버지께서 내게 주신 것이 만물보다 크매

20

21

유대인들이 예수를 돌로 치려 하다

22
23
24

25

26
27
28

29

30
31

32 예수께서 대답하시되 내가 아버지로 말미암아 여러 가지 선한 일로 너희
에게 보였거늘 그 중에 어떤 일로 나를 돌로 치려 하느냐
33 유대인들이 대답하되 선한 일로 말미암아 우리가 너를 돌로 치려는 것이
아니라 신성모독으로 인함이니 네가 사람이 되어 자칭 하나님이라 함이
로라
34 예수께서 이르시되 너희 [ㄱ]율법에 기록된 바 내가 너희를 신이라 하였노라
하지 아니하였느냐
35 성경은 폐하지 못하나니 하나님의 말씀을 받은 사람들을 신이라 하셨
거든
36 하물며 아버지께서 거룩하게 하사 세상에 보내신 자가 나는 하나님의 아
들이라 하는 것으로 너희가 어찌 신성모독이라 하느냐
37 만일 내가 내 아버지의 일을 행하지 아니하거든 나를 믿지 말려니와
38 내가 행하거든 나를 믿지 아니할지라도 그 일은 믿으라 그러면 너희가
아버지께서 내 안에 계시고 내가 아버지 안에 있음을 깨달아 알리라 하
시니
39 그들이 다시 예수를 잡고자 하였으나 그 손에서 벗어나 나가시니라
40 다시 요단 강 저편 요한이 처음으로 [1]세례 베풀던 곳에 가사 거기 거하
시니

---

1 헬, 또는 침례

ㄱ 시 82:6

DATE . . .

32

33

34

35

36

37

38

39

40

41 많은 사람이 왔다가 말하되 요한은 아무 [1]표적도 행하지 아니하였으나
요한이 이 사람을 가리켜 말한 것은 다 참이라 하더라
42 그리하여 거기서 많은 사람이 예수를 믿으니라

요한복음으로 드리는 기도 하나님, 목자의 음성을 듣고 따르는 선한 양이 되게 하소서. 그리하여 주님을 통해 얻는 풍성한 꼴을 날마다 먹고 구원의 복을 누리게 하소서.

---

1 또는 이적

DATE . . .

41

42

말씀 적용하기

제11장

나사로의 부활은, 예수님의 부활과 말세에 예수님과 연합된 자들이
새 생명을 얻을 것을 예표합니다.

죽은 나사로를 살리시다

1 어떤 병자가 있으니 이는 마리아와 그 자매 마르다의 마을 베다니에 사는
나사로라
2 이 마리아는 향유를 주께 붓고 머리털로 주의 발을 닦던 자요 병든 나사
로는 그의 오라버니더라
3 이에 그 누이들이 예수께 사람을 보내어 이르되 주여 보시옵소서 사랑하
시는 자가 병들었나이다 하니
4 예수께서 들으시고 이르시되 이 병은 죽을 병이 아니라 하나님의 영광을
위함이요 하나님의 아들이 이로 말미암아 영광을 받게 하려 함이라 하시
더라
5 예수께서 본래 마르다와 그 [1]동생과 나사로를 사랑하시더니
6 나사로가 병들었다 함을 들으시고 그 계시던 곳에 이틀을 더 유하시고
7 그 후에 제자들에게 이르시되 유대로 다시 가자 하시니
8 제자들이 말하되 랍비여 방금도 유대인들이 돌로 치려 하였는데 또 그리
로 가시려 하나이까

---

1 형제

DATE . . .

죽은 나사로를 살리시다

1

2

3

4

5

6

7

8

9 예수께서 대답하시되 낮이 열두 시간이 아니냐 사람이 낮에 다니면 이 세
상의 빛을 보므로 실족하지 아니하고
10 밤에 다니면 빛이 그 사람 안에 없는 고로 실족하느니라
11 이 말씀을 하신 후에 또 이르시되 우리 친구 나사로가 잠들었도다 그러나
내가 깨우러 가노라
12 제자들이 이르되 주여 잠들었으면 낫겠나이다 하더라
13 예수는 그의 죽음을 가리켜 말씀하신 것이나 그들은 잠들어 쉬는 것을
가리켜 말씀하심인 줄 생각하는지라
14 이에 예수께서 밝히 이르시되 나사로가 죽었느니라
15 내가 거기 있지 아니한 것을 너희를 위하여 기뻐하노니 이는 너희로 믿게
하려 함이라 그러나 그에게로 가자 하시니
16 디두모라고도 하는 도마가 다른 제자들에게 말하되 우리도 주와 함께
죽으러 가자 하니라

나는 부활이요 생명이니

17 예수께서 와서 보시니 나사로가 무덤에 있은 지 이미 나흘이라
18 베다니는 예루살렘에서 가깝기가 한 오 리쯤 되매
19 많은 유대인이 마르다와 마리아에게 그 오라비의 일로 위문하러 왔더니
20 마르다는 예수께서 오신다는 말을 듣고 곧 나가 맞이하되 마리아는 집에
앉았더라

DATE . . .

9

10

11

12

13

14

15

16

나는 부활이요 생명이니

17

18

19

20

21 마르다가 예수께 여짜오되 주께서 여기 계셨더라면 내 오라버니가 죽지
아니하였겠나이다
22 그러나 나는 이제라도 주께서 무엇이든지 하나님께 구하시는 것을 하나
님이 주실 줄을 아나이다
23 예수께서 이르시되 네 오라비가 다시 살아나리라
24 마르다가 이르되 마지막 날 부활 때에는 다시 살아날 줄을 내가 아나
이다
25 예수께서 이르시되 나는 부활이요 생명이니 나를 믿는 자는 죽어도 살
겠고
26 무릇 살아서 나를 믿는 자는 영원히 죽지 아니하리니 이것을 네가 믿느냐
27 이르되 주여 그러하외다 주는 그리스도시요 세상에 오시는 하나님의 아
들이신 줄 내가 믿나이다
28 이 말을 하고 돌아가서 가만히 그 자매 마리아를 불러 말하되 선생님이
오셔서 너를 부르신다 하니
29 마리아가 이 말을 듣고 급히 일어나 예수께 나아가매
30 예수는 아직 마을로 들어오지 아니하시고 마르다가 맞이했던 곳에 그대
로 계시더라
31 마리아와 함께 집에 있어 위로하던 유대인들은 그가 급히 일어나 나가는
것을 보고 곡하러 무덤에 가는 줄로 생각하고 따라가더니
32 마리아가 예수 계신 곳에 가서 뵈옵고 그 발 앞에 엎드리어 이르되 주께
서 여기 계셨더라면 내 오라버니가 죽지 아니하였겠나이다 하더라

DATE . . .

21

22

23

24

25

26

27

28

29

30

31

32

124 / 125

33 예수께서 그가 우는 것과 또 함께 온 유대인들이 우는 것을 보시고 심령
에 비통히 여기시고 불쌍히 여기사
34 이르시되 그를 어디 두었느냐 이르되 주여 와서 보옵소서 하니
35 예수께서 눈물을 흘리시더라
36 이에 유대인들이 말하되 보라 그를 얼마나 사랑하셨는가 하며
37 그 중 어떤 이는 말하되 맹인의 눈을 뜨게 한 이 사람이 그 사람은 죽지
않게 할 수 없었더냐 하더라
38 이에 예수께서 다시 속으로 비통히 여기시며 무덤에 가시니 무덤이 굴이
라 돌로 막았거늘
39 예수께서 이르시되 돌을 옮겨 놓으라 하시니 그 죽은 자의 누이 마르다
가 이르되 주여 죽은 지가 나흘이 되었으매 벌써 냄새가 나나이다
40 예수께서 이르시되 내 말이 네가 믿으면 하나님의 영광을 보리라 하지 아
니하였느냐 하시니
41 돌을 옮겨 놓으니 예수께서 눈을 들어 우러러 보시고 이르시되 아버지여
내 말을 들으신 것을 감사하나이다
42 항상 내 말을 들으시는 줄을 내가 알았나이다 그러나 이 말씀 하옵는 것
은 둘러선 무리를 위함이니 곧 아버지께서 나를 보내신 것을 그들로 믿게
하려 함이니이다
43 이 말씀을 하시고 큰 소리로 나사로야 나오라 부르시니
44 죽은 자가 수족을 베로 동인 채로 나오는데 그 얼굴은 수건에 싸였더라
예수께서 이르시되 풀어 놓아 다니게 하라 하시니라

DATE . . .

33

34

35

36

37

38

39

40

41

42

43

44

예수를 죽이려고 모의하다

45 마리아에게 와서 예수께서 하신 일을 본 많은 유대인이 그를 믿었으나
46 그 중에 어떤 자는 바리새인들에게 가서 예수께서 하신 일을 알리니라
47 이에 대제사장들과 바리새인들이 공회를 모으고 이르되 이 사람이 많은
[1]표적을 행하니 우리가 어떻게 하겠느냐
48 만일 그를 이대로 두면 모든 사람이 그를 믿을 것이요 그리고 로마인들이
와서 우리 땅과 민족을 빼앗아 가리라 하니
49 그 중의 한 사람 그 해의 대제사장인 가야바가 그들에게 말하되 너희가
아무 것도 알지 못하는도다
50 한 사람이 백성을 위하여 죽어서 온 민족이 망하지 않게 되는 것이 너희에
게 유익한 줄을 생각하지 아니하는도다 하였으니
51 이 말은 스스로 함이 아니요 그 해의 대제사장이므로 예수께서 그 민족
을 위하시고
52 또 그 민족만 위할 뿐 아니라 흩어진 하나님의 자녀를 모아 하나가 되게
하기 위하여 죽으실 것을 미리 말함이러라
53 이 날부터는 그들이 예수를 죽이려고 모의하니라
54 그러므로 예수께서 다시 유대인 가운데 드러나게 다니지 아니하시고 거
기를 떠나 빈 들 가까운 곳인 에브라임이라는 동네에 가서 제자들과 함
께 거기 머무르시니라

---

1 또는 이적

DATE . . .

예수를 죽이려고 모의하다

45

46

47

48

49

50

51

52

53

54

55 유대인의 유월절이 가까우매 많은 사람이 자기를 성결하게 하기 위하여
유월절 전에 시골에서 예루살렘으로 올라갔더니
56 그들이 예수를 찾으며 성전에 서서 서로 말하되 너희 생각에는 어떠하냐
그가 명절에 오지 아니하겠느냐 하니
57 이는 대제사장들과 바리새인들이 누구든지 예수 있는 곳을 알거든 신고
하여 잡게 하라 명령하였음이러라

요한복음으로 드리는 기도 하나님, 하나님의 섭리를 기다리는 법을 배우게 하소서. 제가 원하는 시기와 방법이 아닌 주님의 때와 방법으로 모든 일을 아름답게 이루시고, 그로 인해 주님의 영광만 드러나게 하소서.

DATE . . .

55

56

57

말씀 적용하기

제12장

예수님의 예루살렘 입성은 만인을 위해 자신의 생명을
죄의 담보로 내어주고자 십자가를 향하신 수난의 행보였습니다.

예수의 발에 향유를 붓다

1 유월절 엿새 전에 예수께서 베다니에 이르시니 이 곳은 예수께서 죽은 자
가운데서 살리신 나사로가 있는 곳이라
2 거기서 예수를 위하여 잔치할새 마르다는 일을 하고 나사로는 예수와 함
께 [1]앉은 자 중에 있더라
3 마리아는 지극히 비싼 향유 곧 순전한 나드 한 근을 가져다가 예수의 발
에 붓고 자기 머리털로 그의 발을 닦으니 향유 냄새가 집에 가득하더라
4 제자 중 하나로서 예수를 잡아 줄 가룟 유다가 말하되
5 이 향유를 어찌하여 삼백 [2]데나리온에 팔아 가난한 자들에게 주지 아니
하였느냐 하니
6 이렇게 말함은 가난한 자들을 생각함이 아니요 그는 도둑이라 돈궤를 맡
고 거기 넣는 것을 훔쳐 감이러라
7 예수께서 이르시되 그를 가만 두어 나의 장례할 날을 위하여 그것을 간직
하게 하라

---

1 헬, 기대어 눕게(유대인이 음식 먹을 때에 가지는 자세)

2 은전의 명칭

DATE . . .

예수의 발에 향유를 붓다

1

2

3

4

5

6

7

8 가난한 자들은 항상 너희와 함께 있거니와 나는 항상 있지 아니하리라 하
시니라

나사로까지 죽이려고 모의하다

9 유대인의 큰 무리가 예수께서 여기 계신 줄을 알고 오니 이는 예수만 보
기 위함이 아니요 죽은 자 가운데서 살리신 나사로도 보려 함이러라
10 대제사장들이 나사로까지 죽이려고 모의하니
11 나사로 때문에 많은 유대인이 가서 예수를 믿음이러라

예루살렘으로 가시다

12 그 이튿날에는 명절에 온 큰 무리가 예수께서 예루살렘으로 오신다는 것
을 듣고
13 종려나무 가지를 가지고 맞으러 나가 외치되 호산나 찬송하리로다 주의
이름으로 오시는 이 곧 이스라엘의 왕이시여 하더라
14 예수는 한 어린 나귀를 보고 타시니
15 이는 기록된 바 [ㄱ] 시온 딸아 두려워하지 말라 보라 너의 왕이 나귀 새끼
를 타고 오신다 함과 같더라
16 제자들은 처음에 이 일을 깨닫지 못하였다가 예수께서 영광을 얻으신 후
에야 이것이 예수께 대하여 기록된 것임과 사람들이 예수께 이같이 한 것
임이 생각났더라

ㄱ 슥 9:9

8

나사로까지 죽이려고 모의하다

9

10

11

예루살렘으로 가시다

12

13

14

15

16

17 나사로를 무덤에서 불러내어 죽은 자 가운데서 살리실 때에 함께 있던 무
리가 증언한지라
18 이에 무리가 예수를 맞음은 이 [1]표적 행하심을 들었음이러라
19 바리새인들이 서로 말하되 볼지어다 너희 하는 일이 쓸 데 없다 보라 온
세상이 그를 따르는도다 하니라

인자가 들려야 하리라

20 명절에 예배하러 올라온 사람 중에 헬라인 몇이 있는데
21 그들이 갈릴리 벳새다 사람 빌립에게 가서 청하여 이르되 선생이여 우리
가 예수를 뵈옵고자 하나이다 하니
22 빌립이 안드레에게 가서 말하고 안드레와 빌립이 예수께 가서 여쭈니
23 예수께서 대답하여 이르시되 인자가 영광을 얻을 때가 왔도다
24 내가 진실로 진실로 너희에게 이르노니 한 알의 밀이 땅에 떨어져 죽지 아
니하면 한 알 그대로 있고 죽으면 많은 열매를 맺느니라
25 자기의 [2]생명을 사랑하는 자는 잃어버릴 것이요 이 세상에서 자기의 [2]생
명을 미워하는 자는 영생하도록 보전하리라
26 사람이 나를 섬기려면 나를 따르라 나 있는 곳에 나를 섬기는 자도 거기
있으리니 사람이 나를 섬기면 내 아버지께서 그를 귀히 여기시리라

---

1 또는 이적

2 또는 영혼

17

18

19

인자가 들려야 하리라

20

21

22

23

24

25

26

27 지금 내 [1]마음이 괴로우니 무슨 말을 하리요 아버지여 나를 구원하여 이
때를 면하게 하여 주옵소서 그러나 내가 이를 위하여 이 때에 왔나이다
28 아버지여, 아버지의 이름을 영광스럽게 하옵소서 하시니 이에 하늘에서
소리가 나서 이르되 내가 이미 영광스럽게 하였고 또다시 영광스럽게 하
리라 하시니
29 곁에 서서 들은 무리는 천둥이 울었다고도 하며 또 어떤 이들은 천사가
그에게 말하였다고도 하니
30 예수께서 대답하여 이르시되 이 소리가 난 것은 나를 위한 것이 아니요 너
희를 위한 것이니라
31 이제 이 세상에 대한 심판이 이르렀으니 이 세상의 임금이 쫓겨나리라
32 내가 땅에서 들리면 모든 사람을 내게로 이끌겠노라 하시니
33 이렇게 말씀하심은 자기가 어떠한 죽음으로 죽을 것을 보이심이러라
34 이에 무리가 대답하되 우리는 율법에서 그리스도가 영원히 계신다 함을
들었거늘 너는 어찌하여 인자가 들려야 하리라 하느냐 이 인자는 누구냐
35 예수께서 이르시되 아직 잠시 동안 빛이 너희 중에 있으니 빛이 있을 동안
에 다녀 어둠에 붙잡히지 않게 하라 어둠에 다니는 자는 그 가는 곳을 알
지 못하느니라
36 너희에게 아직 빛이 있을 동안에 빛을 믿으라 그리하면 빛의 아들이 되
리라

---

1 또는 영혼

DATE . . .

27

28

29

30

31

32

33

34

35

36

그들이 예수를 믿지 아니하다

예수께서 이 말씀을 하시고 그들을 떠나가서 숨으시니라

37 이렇게 많은 [1]표적을 그들 앞에서 행하셨으나 그를 믿지 아니하니

38 이는 선지자 이사야의 말씀을 이루려 하심이라 이르되 [ㄱ]주여 우리에게서
들은 바를 누가 믿었으며 주의 팔이 누구에게 나타났나이까 하였더라

39 그들이 능히 믿지 못한 것은 이 때문이니 곧 이사야가 다시 일렀으되

40 [ㄴ]그들의 눈을 멀게 하시고 그들의 마음을 완고하게 하셨으니 이는 그들
로 하여금 눈으로 보고 마음으로 깨닫고 돌이켜 내게 고침을 받지 못
하게 하려 함이라 하였음이더라

41 이사야가 이렇게 말한 것은 주의 영광을 보고 주를 가리켜 말한 것이라

42 그러나 관리 중에도 그를 믿는 자가 많되 바리새인들 때문에 드러나게
말하지 못하니 이는 출교를 당할까 두려워함이라

43 그들은 사람의 영광을 하나님의 영광보다 더 사랑하였더라

마지막 날과 심판

44 예수께서 외쳐 이르시되 나를 믿는 자는 나를 믿는 것이 아니요 나를 보
내신 이를 믿는 것이며

45 나를 보는 자는 나를 보내신 이를 보는 것이니라

---

1 또는 이적

ㄱ 사53:1

ㄴ 사6:10

DATE . . .

그들이 예수를 믿지 아니하다

37

38

39

40

41

42

43

마지막 날과 심판

44

45

46 나는 빛으로 세상에 왔나니 무릇 나를 믿는 자로 어둠에 거하지 않게 하
려 함이로라
47 사람이 내 말을 듣고 지키지 아니할지라도 내가 그를 심판하지 아니하
노라 내가 온 것은 세상을 심판하려 함이 아니요 세상을 구원하려 함이
로라
48 나를 저버리고 내 말을 받지 아니하는 자를 심판할 이가 있으니 곧 내가
한 그 말이 마지막 날에 그를 심판하리라
49 내가 내 자의로 말한 것이 아니요 나를 보내신 아버지께서 내가 말할 것
과 이를 것을 친히 명령하여 주셨으니
50 나는 그의 명령이 영생인 줄 아노라 그러므로 내가 이르는 것은 내 아버
지께서 내게 말씀하신 그대로니라 하시니라

요한복음으로 드리는 기도 주님, 예수님이 가신 길을 다시금 묵상합니다.
신앙의 추구는 세상의 추구와 달라야 함을 깨닫습니다.
성공과 행복보다는 거룩과 진리를 먼저 추구하게 하소서.

DATE . . .

46

47

48

49

50

말씀 적용하기

제13장

예수님은 십자가의 죽음을 목전에 두고서도
제자들을 위해 권면의 말씀을 베푸셨으며,
그들의 발을 씻기심으로 겸손의 모범을 보이고 제자들을 경성하셨습니다.

제자들의 발을 씻으시다

1 유월절 전에 예수께서 자기가 세상을 떠나 아버지께로 돌아가실 때가
이른 줄 아시고 세상에 있는 자기 사람들을 사랑하시되 끝까지 사랑하
시니라
2 마귀가 벌써 시몬의 아들 가룟 유다의 마음에 예수를 팔려는 생각을 넣
었더라
3 저녁 먹는 중 예수는 아버지께서 모든 것을 자기 손에 맡기신 것과 또 자
기가 하나님께로부터 오셨다가 하나님께로 돌아가실 것을 아시고
4 저녁 잡수시던 자리에서 일어나 겉옷을 벗고 수건을 가져다가 허리에 두
르시고
5 이에 대야에 물을 떠서 제자들의 발을 씻으시고 그 두르신 수건으로 닦
기를 시작하여
6 시몬 베드로에게 이르시니 베드로가 이르되 주여 주께서 내 발을 씻으시
나이까
7 예수께서 대답하여 이르시되 내가 하는 것을 네가 지금은 알지 못하나 이
후에는 알리라

DATE . . .

제자들의 발을 씻으시다

1

2

3

4

5

6

7

8 베드로가 이르되 내 발을 [1]절대로 씻지 못하시리이다 예수께서 대답하시
되 내가 너를 씻어 주지 아니하면 네가 나와 상관이 없느니라
9 시몬 베드로가 이르되 주여 내 발뿐 아니라 손과 머리도 씻어 주옵소서
10 예수께서 이르시되 이미 목욕한 자는 발밖에 씻을 필요가 없느니라 온 몸
이 깨끗하니라 너희가 깨끗하나 다는 아니니라 하시니
11 이는 자기를 팔 자가 누구인지 아심이라 그러므로 다는 깨끗하지 아니하
다 하시니라
12 그들의 발을 씻으신 후에 옷을 입으시고 다시 앉아 그들에게 이르시되
내가 너희에게 행한 것을 너희가 아느냐
13 너희가 나를 선생이라 또는 주라 하니 너희 말이 옳도다 내가 그러하다
14 내가 주와 또는 선생이 되어 너희 발을 씻었으니 너희도 서로 발을 씻어
주는 것이 옳으니라
15 내가 너희에게 행한 것 같이 너희도 행하게 하려 하여 본을 보였노라
16 내가 진실로 진실로 너희에게 이르노니 종이 주인보다 크지 못하고 보냄
을 받은 자가 보낸 자보다 크지 못하나니
17 너희가 이것을 알고 행하면 복이 있으리라
18 내가 너희 모두를 가리켜 말하는 것이 아니니라 나는 내가 택한 자들이
누구인지 앎이라 그러나 [ㄱ]내 떡을 먹는 자가 내게 발꿈치를 들었다 한
성경을 응하게 하려는 것이니라

---

1 또는 영원히

ㄱ 시 41:9

DATE . . .

8

9

10

11

12

13

14

15

16

17

18

19 지금부터 일이 일어나기 전에 미리 너희에게 일러 둠은 일이 일어날 때에
내가 그인 줄 너희가 믿게 하려 함이로라
20 내가 진실로 진실로 너희에게 이르노니 내가 보낸 자를 영접하는 자는 나
를 영접하는 것이요 나를 영접하는 자는 나를 보내신 이를 영접하는 것이
니라

너희 중 하나가 나를 팔리라

21 예수께서 이 말씀을 하시고 심령이 괴로워 증언하여 이르시되 내가 진실
로 진실로 너희에게 이르노니 너희 중 하나가 나를 팔리라 하시니
22 제자들이 서로 보며 누구에게 대하여 말씀하시는지 의심하더라
23 예수의 제자 중 하나 곧 그가 사랑하시는 자가 예수의 품에 의지하여 누
웠는지라
24 시몬 베드로가 머릿짓을 하여 말하되 말씀하신 자가 누구인지 말하라
하니
25 그가 예수의 가슴에 그대로 의지하여 말하되 주여 누구니이까
26 예수께서 대답하시되 내가 떡 한 조각을 적셔다 주는 자가 그니라 하시
고 곧 한 조각을 적셔서 가룟 시몬의 아들 유다에게 주시니
27 조각을 받은 후 곧 사탄이 그 속에 들어간지라 이에 예수께서 유다에게
이르시되 네가 하는 일을 속히 하라 하시니
28 이 말씀을 무슨 뜻으로 하셨는지 그 [1]앉은 자 중에 아는 자가 없고

---

1 헬, 기대어 눕게(유대인이 음식 먹을 때에 가지는 자세)

19

20

너희 중 하나가 나를 팔리라

21

22

23

24

25

26

27

28

29 어떤 이들은 유다가 돈궤를 맡았으므로 명절에 우리가 쓸 물건을 사라
하시는지 혹은 가난한 자들에게 무엇을 주라 하시는 줄로 생각하더라
30 유다가 그 조각을 받고 곧 나가니 밤이러라

새 계명

31 그가 나간 후에 예수께서 이르시되 지금 인자가 영광을 받았고 하나님도
인자로 말미암아 영광을 받으셨도다
32 만일 하나님이 그로 말미암아 영광을 받으셨으면 하나님도 자기로 말미
암아 그에게 영광을 주시리니 곧 주시리라
33 작은 자들아 내가 아직 잠시 너희와 함께 있겠노라 너희가 나를 찾을 것
이나 일찍이 내가 유대인들에게 너희는 내가 가는 곳에 올 수 없다고 말
한 것과 같이 지금 너희에게도 이르노라
34 새 계명을 너희에게 주노니 서로 사랑하라 내가 너희를 사랑한 것 같이
너희도 서로 사랑하라
35 너희가 서로 사랑하면 이로써 모든 사람이 너희가 내 제자인 줄 알리라

베드로가 부인할 것을 이르시다

36 시몬 베드로가 이르되 주여 어디로 가시나이까 예수께서 대답하시되 내
가 가는 곳에 네가 지금은 따라올 수 없으나 후에는 따라오리라
37 베드로가 이르되 주여 내가 지금은 어찌하여 따라갈 수 없나이까 주를
위하여 내 목숨을 버리겠나이다

29

30

새 계명

31

32

33

34

35

베드로가 부인할 것을 이르시다

36

37

38 예수께서 대답하시되 네가 나를 위하여 네 목숨을 버리겠느냐 내가 진실
로 진실로 네게 이르노니 닭 울기 전에 네가 세 번 나를 부인하리라

요한복음으로 드리는 기도 주님, 주님이 보여주신 희생적인 사랑을 따라갈 수는 없지만,
최선을 다해 실천하도록 도우소서.
그래서 세상이 그리스도인을 통해 주님을 볼 수 있기를 기도합니다.

DATE . . .

38

말씀 적용하기

제14장

예수님의 정체와 그 기원을 명시하며,
예수님이 보혜사 성령의 강림을 약속하심으로
제자들에게 희망을 주신 내용이 기록되어 있습니다.

내가 곧 길이요 진리요 생명이니

1 너희는 마음에 근심하지 말라 하나님을 [1]믿으니 또 나를 믿으라

2 내 아버지 집에 거할 곳이 많도다 그렇지 않으면 너희에게 일렀으리라 내가 너희를 위하여 거처를 예비하러 가노니

3 가서 너희를 위하여 거처를 예비하면 내가 다시 와서 너희를 내게로 영접하여 나 있는 곳에 너희도 있게 하리라

4 내가 어디로 가는지 그 길을 너희가 아느니라

5 도마가 이르되 주여 주께서 어디로 가시는지 우리가 알지 못하거늘 그 길을 어찌 알겠사옵나이까

6 예수께서 이르시되 내가 곧 길이요 진리요 생명이니 나로 말미암지 않고는 아버지께로 올 자가 없느니라

7 너희가 나를 알았더라면 내 아버지도 알았으리로다 이제부터는 너희가 그를 알았고 또 보았느니라

8 빌립이 이르되 주여 아버지를 우리에게 보여 주옵소서 그리하면 족하겠나이다

---

1 또는 믿고

DATE . . .

내가 곧 길이요 진리요 생명이니

1

2

3

4

5

6

7

8

9 예수께서 이르시되 빌립아 내가 이렇게 오래 너희와 함께 있으되 네가 나
를 알지 못하느냐 나를 본 자는 아버지를 보았거늘 어찌하여 아버지를 보
이라 하느냐
10 내가 아버지 안에 거하고 아버지는 내 안에 계신 것을 네가 믿지 아니하느
냐 내가 너희에게 이르는 말은 스스로 하는 것이 아니라 아버지께서 내
안에 계셔서 그의 일을 하시는 것이라
11 내가 아버지 안에 거하고 아버지께서 내 안에 계심을 믿으라 그렇지 못하
겠거든 행하는 그 일로 말미암아 나를 믿으라
12 내가 진실로 진실로 너희에게 이르노니 나를 믿는 자는 내가 하는 일을
그도 할 것이요 또한 그보다 큰 일도 하리니 이는 내가 아버지께로 감
이라
13 너희가 내 이름으로 무엇을 구하든지 내가 행하리니 이는 아버지로 하여
금 아들로 말미암아 영광을 받으시게 하려 함이라
14 내 이름으로 무엇이든지 내게 구하면 내가 행하리라
15 너희가 나를 사랑하면 나의 계명을 지키리라
16 내가 아버지께 구하겠으니 그가 또 다른 보혜사를 너희에게 주사 영원토
록 너희와 함께 있게 하리니
17 그는 진리의 영이라 세상은 능히 그를 받지 못하나니 이는 그를 보지도
못하고 알지도 못함이라 그러나 너희는 그를 아나니 그는 너희와 함께
거하심이요 또 너희 속에 계시겠음이라
18 내가 너희를 고아와 같이 버려두지 아니하고 너희에게로 오리라

DATE . . .

9

10

11

12

13

14

15

16

17

18

19 조금 있으면 세상은 다시 나를 보지 못할 것이로되 너희는 나를 보리니
이는 내가 살아 있고 너희도 살아 있겠음이라
20 그 날에는 내가 아버지 안에, 너희가 내 안에, 내가 너희 안에 있는 것을
너희가 알리라
21 나의 계명을 지키는 자라야 나를 사랑하는 자니 나를 사랑하는 자는 내 아
버지께 사랑을 받을 것이요 나도 그를 사랑하여 그에게 나를 나타내리라
22 가룟인 아닌 유다가 이르되 주여 어찌하여 자기를 우리에게는 나타내시
고 세상에는 아니하려 하시나이까
23 예수께서 대답하여 이르시되 사람이 나를 사랑하면 내 말을 지키리니 내
아버지께서 그를 사랑하실 것이요 우리가 그에게 가서 거처를 그와 함께
하리라
24 나를 사랑하지 아니하는 자는 내 말을 지키지 아니하나니 너희가 듣는 말
은 내 말이 아니요 나를 보내신 아버지의 말씀이니라

보혜사

25 내가 아직 너희와 함께 있어서 이 말을 너희에게 하였거니와
26 보혜사 곧 아버지께서 내 이름으로 보내실 성령 그가 너희에게 모든 것을
가르치고 내가 너희에게 말한 모든 것을 생각나게 하리라
27 평안을 너희에게 끼치노니 곧 나의 평안을 너희에게 주노라 내가 너희에
게 주는 것은 세상이 주는 것과 같지 아니하니라 너희는 마음에 근심하지
도 말고 두려워하지도 말라

DATE . . .

19

20

21

22

23

24

보혜사

25

26

27

28 내가 갔다가 너희에게로 온다 하는 말을 너희가 들었나니 나를 사랑하
였더라면 내가 아버지께로 감을 기뻐하였으리라 아버지는 나보다 크심
이라
29 이제 일이 일어나기 전에 너희에게 말한 것은 일이 일어날 때에 너희로 믿
게 하려 함이라
30 이 후에는 내가 너희와 말을 많이 하지 아니하리니 이 세상의 임금이 오겠
음이라 그러나 그는 내게 관계할 것이 없으니
31 오직 내가 아버지를 사랑하는 것과 아버지께서 명하신 대로 행하는 것을
세상이 알게 하려 함이로라 일어나라 여기를 떠나자 하시니라

요한복음으로 드리는 기도 하나님, 주님이 주시는 평안을 누리게 하소서.
때로는 세상 염려에 사로잡히는 어쩔 수 없는 인간이지만,
성령님이 주관하셔서 상황에 휘둘리지 않는 평안을 갖게 하소서.

DATE . . .

28

29

30

31

말씀 적용하기

제15장

예수님은 자신을 참 포도나무로,
그리스도인들은 포도나무의 가지로 비유하심으로써
예수님과 그리스도인 간의 영적인 교합을 교훈하십니다.

나는 포도나무요 너희는 가지라

1 나는 참포도나무요 내 아버지는 농부라
2 무릇 내게 붙어 있어 열매를 맺지 아니하는 가지는 아버지께서 그것을 제
거해 버리시고 무릇 열매를 맺는 가지는 더 열매를 맺게 하려 하여 그것을
깨끗하게 하시느니라
3 너희는 내가 일러준 말로 이미 깨끗하여졌으니
4 내 안에 거하라 나도 너희 안에 거하리라 가지가 포도나무에 붙어 있지
아니하면 스스로 열매를 맺을 수 없음 같이 너희도 내 안에 있지 아니하면
그러하리라
5 나는 포도나무요 너희는 가지라 그가 내 안에, 내가 그 안에 거하면 사
람이 열매를 많이 맺나니 나를 떠나서는 너희가 아무 것도 할 수 없음
이라
6 사람이 내 안에 거하지 아니하면 가지처럼 밖에 버려져 마르나니 사람들
이 그것을 모아다가 불에 던져 사르느니라
7 너희가 내 안에 거하고 내 말이 너희 안에 거하면 무엇이든지 원하는 대로
구하라 그리하면 이루리라

DATE . . .

나는 포도나무요 너희는 가지라

1

2

3

4

5

6

7

8 너희가 열매를 많이 맺으면 내 아버지께서 영광을 받으실 것이요 너희는
내 제자가 되리라
9 아버지께서 나를 사랑하신 것 같이 나도 너희를 사랑하였으니 나의 사랑
안에 거하라
10 내가 아버지의 계명을 지켜 그의 사랑 안에 거하는 것 같이 너희도 내 계
명을 지키면 내 사랑 안에 거하리라
11 내가 이것을 너희에게 이름은 내 기쁨이 너희 안에 있어 너희 기쁨을 충만
하게 하려 함이라
12 내 계명은 곧 내가 너희를 사랑한 것 같이 너희도 서로 사랑하라 하는 이
것이니라
13 사람이 친구를 위하여 자기 목숨을 버리면 이보다 더 큰 사랑이 없나니
14 너희는 내가 명하는 대로 행하면 곧 나의 친구라
15 이제부터는 너희를 종이라 하지 아니하리니 종은 주인이 하는 것을 알지
못함이라 너희를 친구라 하였노니 내가 내 아버지께 들은 것을 다 너희에
게 알게 하였음이라
16 너희가 나를 택한 것이 아니요 내가 너희를 택하여 세웠나니 이는 너희로
가서 열매를 맺게 하고 또 너희 열매가 항상 있게 하여 내 이름으로 아버
지께 무엇을 구하든지 다 받게 하려 함이라
17 내가 이것을 너희에게 명함은 너희로 서로 사랑하게 하려 함이라
18 세상이 너희를 미워하면 너희보다 먼저 나를 미워한 줄을 알라

DATE . . .

8

9

10

11

12

13

14

15

16

17

18

19 너희가 세상에 속하였으면 세상이 자기의 것을 사랑할 것이나 너희는 세
상에 속한 자가 아니요 도리어 내가 너희를 세상에서 택하였기 때문에 세
상이 너희를 미워하느니라
20 내가 너희에게 종이 주인보다 더 크지 못하다 한 말을 기억하라 사람들이
나를 박해하였은즉 너희도 박해할 것이요 내 말을 지켰은즉 너희 말도 지
킬 것이라
21 그러나 사람들이 내 이름으로 말미암아 이 모든 일을 너희에게 하리니 이
는 나를 보내신 이를 알지 못함이라
22 내가 와서 그들에게 말하지 아니하였더라면 죄가 없었으려니와 지금은
그 죄를 핑계할 수 없느니라
23 나를 미워하는 자는 또 내 아버지를 미워하느니라
24 내가 아무도 못한 일을 그들 중에서 하지 아니하였더라면 그들에게 죄가
없었으려니와 지금은 그들이 나와 내 아버지를 보았고 또 미워하였도다
25 그러나 이는 그들의 율법에 [ㄱ]기록된 바 그들이 이유 없이 나를 미워하였
다 한 말을 응하게 하려 함이라
26 내가 아버지께로부터 너희에게 보낼 보혜사 곧 아버지께로부터 나오시
는 진리의 성령이 오실 때에 그가 나를 증언하실 것이요

ㄱ 시 35:19; 69:4

DATE . . .

19

20

21

22

23

24

25

26

27 너희도 처음부터 나와 함께 있었으므로 증언하느니라

요한복음으로 드리는 기도 하나님, 하나님과의 깊은 교제 가운데 머물게 하소서.
열매와 성공에 집착하지 않고 하나님께 집중하도록 도우소서.
바른 관계에서 나오는 열매를 거두게 하소서.

DATE . . .

27

말씀 적용하기

제16장

예수님은 제자들에게 장차 올 박해에 대해 경고하며
고별 강화를 마치십니다.

성령의 일

1 내가 이것을 너희에게 이름은 너희로 실족하지 않게 하려 함이니
2 사람들이 너희를 출교할 뿐 아니라 때가 이르면 무릇 너희를 죽이는 자
가 생각하기를 이것이 하나님을 섬기는 일이라 하리라
3 그들이 이런 일을 할 것은 아버지와 나를 알지 못함이라
4 오직 너희에게 이 말을 한 것은 너희로 그 때를 당하면 내가 너희에게 말
한 이것을 기억나게 하려 함이요 처음부터 이 말을 하지 아니한 것은 내가
너희와 함께 있었음이라
5 지금 내가 나를 보내신 이에게로 가는데 너희 중에서 나더러 어디로 가는
지 묻는 자가 없고
6 도리어 내가 이 말을 하므로 너희 마음에 근심이 가득하였도다
7 그러나 내가 너희에게 실상을 말하노니 내가 떠나가는 것이 너희에게 유
익이라 내가 떠나가지 아니하면 보혜사가 너희에게로 오시지 아니할 것이
요 가면 내가 그를 너희에게로 보내리니
8 그가 와서 죄에 대하여, 의에 대하여, 심판에 대하여 세상을 책망하시
리라

DATE . . .

성령의 일

1

2

3

4

5

6

7

8

9 죄에 대하여라 함은 그들이 나를 믿지 아니함이요
10 의에 대하여라 함은 내가 아버지께로 가니 너희가 다시 나를 보지 못함
이요
11 심판에 대하여라 함은 이 세상 임금이 심판을 받았음이라
12 내가 아직도 너희에게 이를 것이 많으나 지금은 너희가 감당하지 못하
리라
13 그러나 진리의 성령이 오시면 그가 너희를 모든 진리 가운데로 인도하시
리니 그가 스스로 말하지 않고 오직 들은 것을 말하며 장래 일을 너희에
게 알리시리라
14 그가 내 영광을 나타내리니 내 것을 가지고 너희에게 알리시겠음이라
15 무릇 아버지께 있는 것은 다 내 것이라 그러므로 내가 말하기를 그가 내
것을 가지고 너희에게 알리시리라 하였노라
16 조금 있으면 너희가 나를 보지 못하겠고 또 조금 있으면 나를 보리라 하
시니
17 제자 중에서 서로 말하되 우리에게 말씀하신 바 조금 있으면 나를 보지
못하겠고 또 조금 있으면 나를 보리라 하시며 또 내가 아버지께로 감이라
하신 것이 무슨 말씀이냐 하고
18 또 말하되 조금 있으면이라 하신 말씀이 무슨 말씀이냐 무엇을 말씀하시
는지 알지 못하노라 하거늘
19 예수께서 그 묻고자 함을 아시고 이르시되 내 말이 조금 있으면 나를 보
지 못하겠고 또 조금 있으면 나를 보리라 하므로 서로 문의하느냐

DATE . . .

9

10

11

12

13

14

15

16

17

18

19

20 내가 진실로 진실로 너희에게 이르노니 너희는 곡하고 애통하겠으나 세
상은 기뻐하리라 너희는 근심하겠으나 너희 근심이 도리어 기쁨이 되리라
21 여자가 해산하게 되면 그 때가 이르렀으므로 근심하나 아기를 낳으면 세
상에 사람 난 기쁨으로 말미암아 그 고통을 다시 기억하지 아니하느니라
22 지금은 너희가 근심하나 내가 다시 너희를 보리니 너희 마음이 기쁠 것이
요 너희 기쁨을 빼앗을 자가 없으리라
23 그 날에는 너희가 아무 것도 내게 [1]묻지 아니하리라 내가 진실로 진실로
너희에게 이르노니 너희가 무엇이든지 아버지께 구하는 것을 내 이름으
로 주시리라
24 지금까지는 너희가 내 이름으로 아무 것도 구하지 아니하였으나 구하라
그리하면 받으리니 너희 기쁨이 충만하리라

내가 세상을 이기었다

25 이것을 비유로 너희에게 일렀거니와 때가 이르면 다시는 비유로 너희에게
이르지 않고 아버지에 대한 것을 밝히 이르리라
26 그 날에 너희가 내 이름으로 구할 것이요 내가 너희를 위하여 아버지께
구하겠다 하는 말이 아니니
27 이는 너희가 나를 사랑하고 또 내가 하나님께로부터 온 줄 믿었으므로
아버지께서 친히 너희를 사랑하심이라

1 또는 구하지 아니하리라

DATE . . .

20

21

22

23

24

내가 세상을 이기었다

25

26

27

28 내가 아버지에게서 나와 세상에 왔고 다시 세상을 떠나 아버지께로 가노
라 하시니
29 제자들이 말하되 지금은 밝히 말씀하시고 아무 비유로도 하지 아니하
시니
30 우리가 지금에야 주께서 모든 것을 아시고 또 사람의 물음을 기다리시
지 않는 줄 아나이다 이로써 하나님께로부터 나오심을 우리가 믿사옵나
이다
31 예수께서 대답하시되 이제는 너희가 믿느냐
32 보라 너희가 다 각각 제 곳으로 흩어지고 나를 혼자 둘 때가 오나니 벌써
왔도다 그러나 내가 혼자 있는 것이 아니라 아버지께서 나와 함께 계시느
니라
33 이것을 너희에게 이르는 것은 너희로 내 안에서 평안을 누리게 하려 함이
라 세상에서는 너희가 환난을 당하나 담대하라 내가 세상을 이기었노라

요한복음으로 드리는 기도 세상을 이기신 주님, 저도 주님처럼 세상을 이기게 하소서.
연약하여 여전히 세상 속에서 두려워하고 놀랄 때도 있지만,
주님을 신뢰함으로 담대하게 살아가도록 도우소서.

DATE . . .

28

29

30

31

32

33

말씀 적용하기

제17장

예수님이 하나님께 드리는 중보기도로써,
예수님 자신과 제자들 그리고 모든 성도를 위한 기도 내용을 담고 있습니다.

기도하시다

1 예수께서 이 말씀을 하시고 눈을 들어 하늘을 우러러 이르시되 아버지여
때가 이르렀사오니 아들을 영화롭게 하사 아들로 아버지를 영화롭게 하
게 하옵소서
2 아버지께서 아들에게 주신 모든 사람에게 영생을 주게 하시려고 만민을
다스리는 권세를 아들에게 주셨음이로소이다
3 영생은 곧 유일하신 참 하나님과 그가 보내신 자 예수 그리스도를 아는
것이니이다
4 아버지께서 내게 하라고 주신 일을 내가 이루어 아버지를 이 세상에서 영
화롭게 하였사오니
5 아버지여 창세 전에 내가 아버지와 함께 가졌던 영화로써 지금도 아버지
와 함께 나를 영화롭게 하옵소서
6 세상 중에서 내게 주신 사람들에게 내가 아버지의 이름을 나타내었나이
다 그들은 아버지의 것이었는데 내게 주셨으며 그들은 아버지의 말씀을
지키었나이다

DATE . . .

기도하시다

1

2

3

4

5

6

7 지금 그들은 아버지께서 내게 주신 것이 다 아버지로부터 온 것인 줄 알았
나이다
8 나는 아버지께서 내게 주신 말씀들을 그들에게 주었사오며 그들은 이것
을 받고 내가 아버지께로부터 나온 줄을 참으로 아오며 아버지께서 나를
보내신 줄도 믿었사옵나이다
9 내가 그들을 위하여 비옵나니 내가 비옵는 것은 세상을 위함이 아니요 내
게 주신 자들을 위함이니이다 그들은 아버지의 것이로소이다
10 내 것은 다 아버지의 것이요 아버지의 것은 내 것이온데 내가 그들로 말미
암아 영광을 받았나이다
11 나는 세상에 더 있지 아니하오나 그들은 세상에 있사옵고 나는 아버지께
로 가옵나니 거룩하신 아버지여 내게 주신 아버지의 이름으로 그들을 보
전하사 우리와 같이 그들도 하나가 되게 하옵소서
12 내가 그들과 함께 있을 때에 내게 주신 아버지의 이름으로 그들을 보전
하고 지키었나이다 그 중의 하나도 멸망하지 않고 다만 멸망의 자식뿐이
오니 이는 성경을 응하게 함이니이다
13 지금 내가 아버지께로 가오니 내가 세상에서 이 말을 하옵는 것은 그들
로 내 기쁨을 그들 안에 충만히 가지게 하려 함이니이다
14 내가 아버지의 말씀을 그들에게 주었사오매 세상이 그들을 미워하였사
오니 이는 내가 세상에 속하지 아니함 같이 그들도 세상에 속하지 아니함
으로 인함이니이다

DATE . . .

7

8

9

10

11

12

13

14

15 내가 비옵는 것은 그들을 세상에서 데려가시기를 위함이 아니요 다만 악
에 빠지지 않게 보전하시기를 위함이니이다
16 내가 세상에 속하지 아니함 같이 그들도 세상에 속하지 아니하였사옵나
이다
17 그들을 진리로 거룩하게 하옵소서 아버지의 말씀은 진리니이다
18 아버지께서 나를 세상에 보내신 것 같이 나도 그들을 세상에 보내었고
19 또 그들을 위하여 내가 나를 거룩하게 하오니 이는 그들도 진리로 거룩
함을 얻게 하려 함이니이다
20 내가 비옵는 것은 이 사람들만 위함이 아니요 또 그들의 말로 말미암아
나를 믿는 사람들도 위함이니
21 아버지여, 아버지께서 내 안에, 내가 아버지 안에 있는 것 같이 그들도 다
하나가 되어 우리 안에 있게 하사 세상으로 아버지께서 나를 보내신 것을
믿게 하옵소서
22 내게 주신 영광을 내가 그들에게 주었사오니 이는 우리가 하나가 된 것
같이 그들도 하나가 되게 하려 함이니이다
23 곧 내가 그들 안에 있고 아버지께서 내 안에 계시어 그들로 온전함을 이
루어 하나가 되게 하려 함은 아버지께서 나를 보내신 것과 또 나를 사랑
하심 같이 그들도 사랑하신 것을 세상으로 알게 하려 함이로소이다
24 아버지여 내게 주신 자도 나 있는 곳에 나와 함께 있어 아버지께서 창세
전부터 나를 사랑하시므로 내게 주신 나의 영광을 그들로 보게 하시기를
원하옵나이다

DATE . . .

15

16

17

18

19

20

21

22

23

24

25 의로우신 아버지여 세상이 아버지를 알지 못하여도 나는 아버지를 알았
사옵고 그들도 아버지께서 나를 보내신 줄 알았사옵나이다
26 내가 아버지의 이름을 그들에게 알게 하였고 또 알게 하리니 이는 나를
사랑하신 사랑이 그들 안에 있고 나도 그들 안에 있게 하려 함이니이다

요한복음으로 드리는 기도 하나님, 교회가 서로 사랑하고 아껴주며 하나 되게 하소서.
세상이 이해할 수 없는 포용력과 인내를 우리에게 주시어
신앙이 진정한 것임을 드러내게 하소서.

DATE . . .

25

26

말씀 적용하기

제18장

요한은 예수님에 대한 빌라도의 재판을 상세히 기록해,
예수님의 무죄를 간접적으로나마 이방인들에게 밝히고자 했습니다.

잡히시다

1 예수께서 이 말씀을 하시고 제자들과 함께 기드론 시내 건너편으로 나가
시니 그 곳에 동산이 있는데 제자들과 함께 들어가시니라
2 그 곳은 가끔 예수께서 제자들과 모이시는 곳이므로 예수를 파는 유다
도 그 곳을 알더라
3 유다가 군대와 대제사장들과 바리새인들에게서 얻은 아랫사람들을 데리
고 등과 횃불과 무기를 가지고 그리로 오는지라
4 예수께서 그 당할 일을 다 아시고 나아가 이르시되 너희가 누구를 찾느냐
5 대답하되 나사렛 예수라 하거늘 이르시되 내가 그니라 하시니라 그를 파
는 유다도 그들과 함께 섰더라
6 예수께서 그들에게 내가 그니라 하실 때에 그들이 물러가서 땅에 엎드러
지는지라
7 이에 다시 누구를 찾느냐고 물으신대 그들이 말하되 나사렛 예수라 하
거늘
8 예수께서 대답하시되 너희에게 내가 그니라 하였으니 나를 찾거든 이 사
람들이 가는 것은 용납하라 하시니

DATE . . .

잡히시다

1

2

3

4

5

6

7

8

9 이는 아버지께서 내게 주신 자 중에서 하나도 잃지 아니하였사옵나이다
하신 말씀을 응하게 하려 함이러라
10 이에 시몬 베드로가 칼을 가졌는데 그것을 빼어 대제사장의 종을 쳐서
오른편 귀를 베어버리니 그 종의 이름은 말고라
11 예수께서 베드로더러 이르시되 칼을 칼집에 꽂으라 아버지께서 주신 잔
을 내가 마시지 아니하겠느냐 하시니라

안나스에게로 끌고 가다

12 이에 군대와 천부장과 유대인의 아랫사람들이 예수를 잡아 결박하여
13 먼저 안나스에게로 끌고 가니 안나스는 그 해의 대제사장인 가야바의 장
인이라
14 가야바는 유대인들에게 한 사람이 백성을 위하여 죽는 것이 유익하다고
권고하던 자러라

베드로가 제자가 아니라고 하다

15 시몬 베드로와 또 다른 제자 한 사람이 예수를 따르니 이 제자는 대제사
장과 아는 사람이라 예수와 함께 대제사장의 집 뜰에 들어가고
16 베드로는 문 밖에 서 있는지라 대제사장을 아는 그 다른 제자가 나가서
문 지키는 여자에게 말하여 베드로를 데리고 들어오니
17 문 지키는 여종이 베드로에게 말하되 너도 이 사람의 제자 중 하나가 아
니냐 하니 그가 말하되 나는 아니라 하고

DATE . . .

9

10

11

안나스에게로 끌고 가다

12

13

14

베드로가 제자가 아니라고 하다

15

16

17

18 그 때가 추운 고로 종과 아랫사람들이 불을 피우고 서서 쬐니 베드로도
함께 서서 쬐더라

대제사장이 예수에게 묻다

19 대제사장이 예수에게 그의 제자들과 그의 교훈에 대하여 물으니
20 예수께서 대답하시되 내가 드러내 놓고 세상에 말하였노라 모든 유대인
들이 모이는 회당과 성전에서 항상 가르쳤고 은밀하게는 아무 것도 말하
지 아니하였거늘
21 어찌하여 내게 묻느냐 내가 무슨 말을 하였는지 들은 자들에게 물어 보
라 그들이 내가 하던 말을 아느니라
22 이 말씀을 하시매 곁에 섰던 아랫사람 하나가 손으로 예수를 쳐 이르되
네가 대제사장에게 이같이 대답하느냐 하니
23 예수께서 대답하시되 내가 말을 잘못하였으면 그 잘못한 것을 증언하라
바른 말을 하였으면 네가 어찌하여 나를 치느냐 하시더라
24 안나스가 예수를 결박한 그대로 대제사장 가야바에게 보내니라

베드로가 다시 제자가 아니라고 하다

25 시몬 베드로가 서서 불을 쬐더니 사람들이 묻되 너도 그 제자 중 하나가
아니냐 베드로가 부인하여 이르되 나는 아니라 하니
26 대제사장의 종 하나는 베드로에게 귀를 잘린 사람의 친척이라 이르되 네
가 그 사람과 함께 동산에 있는 것을 내가 보지 아니하였느냐

DATE . . .

18

대제사장이 예수에게 묻다

19

20

21

22

23

24

베드로가 다시 제자가 아니라고 하다

25

26

27 이에 베드로가 또 부인하니 곧 닭이 울더라

빌라도 앞에 서시다

28 그들이 예수를 가야바에게서 관정으로 끌고 가니 새벽이라 그들은 더럽
힘을 받지 아니하고 유월절 잔치를 먹고자 하여 관정에 들어가지 아니하
더라
29 그러므로 빌라도가 밖으로 나가서 그들에게 말하되 너희가 무슨 일로 이
사람을 고발하느냐
30 대답하여 이르되 이 사람이 행악자가 아니었더라면 우리가 당신에게 넘기
지 아니하였겠나이다
31 빌라도가 이르되 너희가 그를 데려다가 너희 법대로 재판하라 유대인들
이 이르되 우리에게는 사람을 죽이는 권한이 없나이다 하니
32 이는 예수께서 자기가 어떠한 죽음으로 죽을 것을 가리켜 하신 말씀을
응하게 하려 함이러라
33 이에 빌라도가 다시 관정에 들어가 예수를 불러 이르되 네가 유대인의 왕
이냐
34 예수께서 대답하시되 이는 네가 스스로 하는 말이냐 다른 사람들이 나에
대하여 네게 한 말이냐
35 빌라도가 대답하되 내가 유대인이냐 네 나라 사람과 대제사장들이 너를
내게 넘겼으니 네가 무엇을 하였느냐

DATE . . .

27

빌라도 앞에 서시다

28

29

30

31

32

33

34

35

36 예수께서 대답하시되 내 나라는 이 세상에 속한 것이 아니니라 만일
내 나라가 이 세상에 속한 것이었더라면 내 종들이 싸워 나로 유대인
들에게 넘겨지지 않게 하였으리라 이제 내 나라는 여기에 속한 것이 아
니니라
37 빌라도가 이르되 그러면 네가 왕이 아니냐 예수께서 대답하시되 네 말과
같이 내가 왕이니라 내가 이를 위하여 태어났으며 이를 위하여 세상에 왔
나니 곧 진리에 대하여 증언하려 함이로라 무릇 진리에 속한 자는 내 음
성을 듣느니라 하신대
38 빌라도가 이르되 진리가 무엇이냐 하더라

십자가에 못 박도록 예수를 넘겨 주다

이 말을 하고 다시 유대인들에게 나가서 이르되 나는 그에게서 아무 죄도
찾지 못하였노라
39 유월절이면 내가 너희에게 한 사람을 놓아 주는 전례가 있으니 그러면 너
희는 내가 유대인의 왕을 너희에게 놓아 주기를 원하느냐 하니
40 그들이 또 소리 질러 이르되 이 사람이 아니라 바라바라 하니 바라바는
강도였더라

요한복음으로 드리는 기도 하나님, 죄 없이 심문받으신 예수님을 생각하며
오늘도 진리의 편에 서게 하시니 감사합니다.
세상의 인정에 좌우되지 않는 신앙을 갖게 하소서.

DATE . . .

36

37

38

십자가에 못 박도록 예수를 넘겨 주다

39

40

말씀 적용하기

제19장

예수님이 십자가에 못 박혀 죽으심은
시편 22편과 이사야 53장에 나타난 메시아의 수난에 대한 예언이
성취되었음을 의미합니다.

1 이에 빌라도가 예수를 데려다가 채찍질하더라
2 군인들이 가시나무로 관을 엮어 그의 머리에 씌우고 자색 옷을 입히고
3 앞에 가서 이르되 유대인의 왕이여 평안할지어다 하며 손으로 때리더라
4 빌라도가 다시 밖에 나가 말하되 보라 이 사람을 데리고 너희에게 나오나
니 이는 내가 그에게서 아무 죄도 찾지 못한 것을 너희로 알게 하려 함이
로라 하더라
5 이에 예수께서 가시관을 쓰고 자색 옷을 입고 나오시니 빌라도가 그들에
게 말하되 보라 이 사람이로다 하매
6 대제사장들과 아랫사람들이 예수를 보고 소리 질러 이르되 십자가에 못
박으소서 십자가에 못 박으소서 하는지라 빌라도가 이르되 너희가 친히
데려다가 십자가에 못 박으라 나는 그에게서 죄를 찾지 못하였노라
7 유대인들이 대답하되 우리에게 법이 있으니 그 법대로 하면 그가 당연히
죽을 것은 그가 자기를 하나님의 아들이라 함이니이다
8 빌라도가 이 말을 듣고 더욱 두려워하여
9 다시 관정에 들어가서 예수께 말하되 너는 어디로부터냐 하되 예수께서
대답하여 주지 아니하시는지라

DATE . . .

1

2

3

4

5

6

7

8

9

10 빌라도가 이르되 내게 말하지 아니하느냐 내가 너를 놓을 권한도 있고 십
자가에 못 박을 권한도 있는 줄 알지 못하느냐
11 예수께서 대답하시되 위에서 주지 아니하셨더라면 나를 해할 권한이 없었
으리니 그러므로 나를 네게 넘겨 준 자의 죄는 더 크다 하시니라
12 이러하므로 빌라도가 예수를 놓으려고 힘썼으나 유대인들이 소리 질러
이르되 이 사람을 놓으면 가이사의 충신이 아니니이다 무릇 자기를 왕이
라 하는 자는 가이사를 반역하는 것이니이다
13 빌라도가 이 말을 듣고 예수를 끌고 나가서 돌을 깐 뜰(히브리 말로 가
바다)에 있는 재판석에 앉아 있더라
14 이 날은 유월절의 준비일이요 때는 [1]제육시라 빌라도가 유대인들에게 이
르되 보라 너희 왕이로다
15 그들이 소리 지르되 없이 하소서 없이 하소서 그를 십자가에 못 박게 하
소서 빌라도가 이르되 내가 너희 왕을 십자가에 못 박으랴 대제사장들이
대답하되 가이사 외에는 우리에게 왕이 없나이다 하니
16 이에 예수를 십자가에 못 박도록 그들에게 넘겨 주니라

십자가에 못 박히시다

17 그들이 예수를 맡으매 예수께서 자기의 십자가를 지시고 해골(히브리 말
로 골고다)이라 하는 곳에 나가시니

---

1 낮 열두 시

DATE . . .

10

11

12

13

14

15

16

십자가에 못 박히시다

17

18 그들이 거기서 예수를 십자가에 못 박을새 다른 두 사람도 그와 함께 좌
우편에 못 박으니 예수는 가운데 있더라
19 빌라도가 패를 써서 십자가 위에 붙이니 나사렛 예수 유대인의 왕이라 기
록되었더라
20 예수께서 못 박히신 곳이 성에서 가까운 고로 많은 유대인이 이 패를 읽
는데 히브리와 로마와 헬라 말로 기록되었더라
21 유대인의 대제사장들이 빌라도에게 이르되 유대인의 왕이라 쓰지 말고
자칭 유대인의 왕이라 쓰라 하니
22 빌라도가 대답하되 내가 쓸 것을 썼다 하니라
23 군인들이 예수를 십자가에 못 박고 그의 옷을 취하여 네 깃에 나눠 각각
한 깃씩 얻고 속옷도 취하니 이 속옷은 호지 아니하고 위에서부터 통으로
짠 것이라
24 군인들이 서로 말하되 이것을 찢지 말고 누가 얻나 제비 뽑자 하니 이는
성경에 ㄱ그들이 내 옷을 나누고 내 옷을 제비 뽑나이다 한 것을 응하게
하려 함이러라 군인들은 이런 일을 하고
25 예수의 십자가 곁에는 그 어머니와 이모와 글로바의 아내 마리아와 막달
라 마리아가 섰는지라
26 예수께서 자기의 어머니와 사랑하시는 제자가 곁에 서 있는 것을 보시고
자기 어머니께 말씀하시되 여자여 보소서 아들이니이다 하시고

ㄱ 시22:18

DATE . . .

18

19

20

21

22

23

24

25

26

27 또 그 제자에게 이르시되 보라 네 어머니라 하신대 그 때부터 그 제자가
자기 집에 모시니라

영혼이 떠나가시다

28 그 후에 예수께서 모든 일이 이미 이루어진 줄 아시고 성경을 응하게 하려
하사 이르시되 ㄱ내가 목마르다 하시니
29 거기 신 포도주가 가득히 담긴 그릇이 있는지라 사람들이 신 포도주를 적
신 해면을 우슬초에 매어 예수의 입에 대니
30 예수께서 신 포도주를 받으신 후에 이르시되 다 이루었다 하시고 머리를
숙이니 영혼이 떠나가시니라

창으로 옆구리를 찌르다

31 이 날은 준비일이라 유대인들은 그 안식일이 큰 날이므로 그 안식일에 시
체들을 십자가에 두지 아니하려 하여 빌라도에게 그들의 다리를 꺾어 시
체를 치워 달라 하니
32 군인들이 가서 예수와 함께 못 박힌 첫째 사람과 또 그 다른 사람의 다리
를 꺾고
33 예수께 이르러서는 이미 죽으신 것을 보고 다리를 꺾지 아니하고
34 그 중 한 군인이 창으로 옆구리를 찌르니 곧 피와 물이 나오더라

ㄱ 시69:21

DATE . . .

27

영혼이 떠나가시다

28

29

30

창으로 옆구리를 찌르다

31

32

33

34

35 이를 본 자가 증언하였으니 그 증언이 참이라 그가 자기의 말하는 것이
참인 줄 알고 너희로 믿게 하려 함이니라
36 이 일이 일어난 것은 ㄱ그 뼈가 하나도 꺾이지 아니하리라 한 성경을 응하
게 하려 함이라
37 또 다른 성경에 ㄴ그들이 그 찌른 자를 보리라 하였느니라

새 무덤에 예수를 두다

38 아리마대 사람 요셉은 예수의 제자이나 유대인이 두려워 그것을 숨기더
니 이 일 후에 빌라도에게 예수의 시체를 가져가기를 구하매 빌라도가 허
락하는지라 이에 가서 예수의 시체를 가져가니라
39 일찍이 예수께 밤에 찾아왔던 니고데모도 몰약과 침향 섞은 것을 백 [1]리
트라쯤 가지고 온지라
40 이에 예수의 시체를 가져다가 유대인의 장례 법대로 그 향품과 함께 세
마포로 쌌더라
41 예수께서 십자가에 못 박히신 곳에 동산이 있고 동산 안에 아직 사람을
장사한 일이 없는 새 무덤이 있는지라

---

1 1리트라는 약 327그램임

ㄱ 출 12:46; 민 9:12; 시 34:20

ㄴ 슥 12:10

DATE . . .

35

36

37

새 무덤에 예수를 두다

38

39

40

41

42 이 날은 유대인의 준비일이요 또 무덤이 가까운 고로 예수를 거기 두니라

요한복음으로 드리는 기도 주님, 주님이 당하신 말로 다할 수 없는
육적 영적 고통을 묵상합니다.
제게 시련이 찾아올 때도 주님을 묵상하며 이겨내게 하소서.

DATE . . .

42

말씀 적용하기

제20장

예수님은 부활을 통해 자신이 메시아임을 증명하셨고,
그를 믿는 신자들에게도 부활의 소망을 안겨주셨습니다.

살아나시다

1 [1]안식 후 첫날 일찍이 아직 어두울 때에 막달라 마리아가 무덤에 와서 돌
이 무덤에서 옮겨진 것을 보고
2 시몬 베드로와 예수께서 사랑하시던 그 다른 제자에게 달려가서 말하되
사람들이 주님을 무덤에서 가져다가 어디 두었는지 우리가 알지 못하겠
다 하니
3 베드로와 그 다른 제자가 나가서 무덤으로 갈새
4 둘이 같이 달음질하더니 그 다른 제자가 베드로보다 더 빨리 달려가서 먼
저 무덤에 이르러
5 구부려 세마포 놓인 것을 보았으나 들어가지는 아니하였더니
6 시몬 베드로는 따라와서 무덤에 들어가 보니 세마포가 놓였고
7 또 머리를 쌌던 수건은 세마포와 함께 놓이지 않고 딴 곳에 쌌던 대로 놓
여 있더라
8 그 때에야 무덤에 먼저 갔던 그 다른 제자도 들어가 보고 믿더라

---

1 헬, 그 주간의

DATE . . .

살아나시다

1

2

3

4

5

6

7

8

9 (그들은 성경에 그가 죽은 자 가운데서 다시 살아나야 하리라 하신 말씀
을 아직 알지 못하더라)
10 이에 두 제자가 자기들의 집으로 돌아가니라

막달라 마리아에게 나타나시다

11 마리아는 무덤 밖에 서서 울고 있더니 울면서 구부려 무덤 안을 들여다
보니
12 흰 옷 입은 두 천사가 예수의 시체 뉘었던 곳에 하나는 머리 편에, 하나는
발 편에 앉았더라
13 천사들이 이르되 여자여 어찌하여 우느냐 이르되 사람들이 내 주님을 옮
겨다가 어디 두었는지 내가 알지 못함이니이다
14 이 말을 하고 뒤로 돌이켜 예수께서 서 계신 것을 보았으나 예수이신 줄
은 알지 못하더라
15 예수께서 이르시되 여자여 어찌하여 울며 누구를 찾느냐 하시니 마리아
는 그가 동산지기인 줄 알고 이르되 주여 당신이 옮겼거든 어디 두었는지
내게 이르소서 그리하면 내가 가져가리이다
16 예수께서 마리아야 하시거늘 마리아가 돌이켜 히브리 말로 랍오니 하니
(이는 선생님이라는 말이라)
17 예수께서 이르시되 나를 붙들지 말라 내가 아직 아버지께로 올라가지 아
니하였노라 너는 내 형제들에게 가서 이르되 내가 내 아버지 곧 너희 아버
지, 내 하나님 곧 너희 하나님께로 올라간다 하라 하시니

DATE . . .

9

10

막달라 마리아에게 나타나시다

11

12

13

14

15

16

17

18 막달라 마리아가 가서 제자들에게 내가 주를 보았다 하고 또 주께서 자
기에게 이렇게 말씀하셨다 이르니라

제자들에게 나타나시다

19 이 날 곧 안식 후 첫날 저녁 때에 제자들이 유대인들을 두려워하여 모인
곳의 문들을 닫았더니 예수께서 오사 가운데 서서 이르시되 너희에게 평
강이 있을지어다
20 이 말씀을 하시고 손과 옆구리를 보이시니 제자들이 주를 보고 기뻐하
더라
21 예수께서 또 이르시되 너희에게 평강이 있을지어다 아버지께서 나를 보내
신 것 같이 나도 너희를 보내노라
22 이 말씀을 하시고 그들을 향하사 숨을 내쉬며 이르시되 성령을 받으라
23 너희가 누구의 죄든지 사하면 사하여질 것이요 누구의 죄든지 그대로 두
면 그대로 있으리라 하시니라

도마가 의심하다

24 열두 제자 중의 하나로서 디두모라 불리는 도마는 예수께서 오셨을 때에
함께 있지 아니한지라
25 다른 제자들이 그에게 이르되 우리가 주를 보았노라 하니 도마가 이르되
내가 그의 손의 못 자국을 보며 내 손가락을 그 못 자국에 넣으며 내 손
을 그 옆구리에 넣어 보지 않고는 믿지 아니하겠노라 하니라

DATE . . .

18

제자들에게 나타나시다

19

20

21

22

23

도마가 의심하다

24

25

26 여드레를 지나서 제자들이 다시 집 안에 있을 때에 도마도 함께 있고 문
들이 닫혔는데 예수께서 오사 가운데 서서 이르시되 너희에게 평강이 있
을지어다 하시고
27 도마에게 이르시되 네 손가락을 이리 내밀어 내 손을 보고 네 손을 내밀
어 내 옆구리에 넣어 보라 그리하여 믿음 없는 자가 되지 말고 믿는 자가
되라
28 도마가 대답하여 이르되 나의 주님이시요 나의 하나님이시니이다
29 예수께서 이르시되 너는 나를 본 고로 믿느냐 보지 못하고 믿는 자들은
복되도다 하시니라

이 책을 기록한 목적

30 예수께서 제자들 앞에서 이 책에 기록되지 아니한 다른 [1]표적도 많이 행
하셨으나
31 오직 이것을 기록함은 너희로 예수께서 하나님의 아들 그리스도이심을
믿게 하려 함이요 또 너희로 믿고 그 이름을 힘입어 생명을 얻게 하려 함
이니라

요한복음으로 드리는 기도 주님, 부활의 증인다운 삶을 살도록 도우소서.
종종 확신이 부족할 때가 있습니다.
불쌍히 여기시고 확실한 믿음을 갖도록 은혜를 주소서.

---

1 또는 이적

DATE . . .

26

27

28

29

이 책을 기록한 목적

30

31

말씀 적용하기

제21장

예수님은 자신의 부활을 여러 번 입증해 보이시고,
동시에 베드로를 위시한 제자들의 당면 과제와 사명을 명확히 밝히십니다.

일곱 제자에게 나타나시다

1 그 후에 예수께서 디베랴 호수에서 또 제자들에게 자기를 나타내셨으니
나타내신 일은 이러하니라
2 시몬 베드로와 디두모라 하는 도마와 갈릴리 가나 사람 나다나엘과 세베
대의 아들들과 또 다른 제자 둘이 함께 있더니
3 시몬 베드로가 나는 물고기 잡으러 가노라 하니 그들이 우리도 함께 가
겠다 하고 나가서 배에 올랐으나 그 날 밤에 아무 것도 잡지 못하였더니
4 날이 새어갈 때에 예수께서 바닷가에 서셨으나 제자들이 예수이신 줄 알
지 못하는지라
5 예수께서 이르시되 얘들아 너희에게 고기가 있느냐 대답하되 없나이다
6 이르시되 그물을 배 오른편에 던지라 그리하면 잡으리라 하시니 이에 던
졌더니 물고기가 많아 그물을 들 수 없더라
7 예수께서 사랑하시는 그 제자가 베드로에게 이르되 주님이시라 하니 시
몬 베드로가 벗고 있다가 주님이라 하는 말을 듣고 겉옷을 두른 후에 바
다로 뛰어 내리더라

DATE . . .

일곱 제자에게 나타나시다

1

2

3

4

5

6

7

8 다른 제자들은 육지에서 거리가 불과 한 [1]오십 칸쯤 되므로 작은 배를
타고 물고기 든 그물을 끌고 와서
9 육지에 올라보니 숯불이 있는데 그 위에 생선이 놓였고 떡도 있더라
10 예수께서 이르시되 지금 잡은 생선을 좀 가져오라 하시니
11 시몬 베드로가 올라가서 그물을 육지에 끌어 올리니 가득히 찬 큰 물고
기가 백쉰세 마리라 이같이 많으나 그물이 찢어지지 아니하였더라
12 예수께서 이르시되 와서 조반을 먹으라 하시니 제자들이 주님이신 줄 아
는 고로 당신이 누구냐 감히 묻는 자가 없더라
13 예수께서 가셔서 떡을 가져다가 그들에게 주시고 생선도 그와 같이 하시
니라
14 이것은 예수께서 죽은 자 가운데서 살아나신 후에 세 번째로 제자들에게
나타나신 것이라

내 양을 먹이라

15 그들이 조반 먹은 후에 예수께서 시몬 베드로에게 이르시되 요한의 아들
시몬아 네가 이 [2]사람들보다 나를 더 사랑하느냐 하시니 이르되 주님 그
러하나이다 내가 주님을 사랑하는 줄 주님께서 아시나이다 이르시되 내
어린 양을 먹이라 하시고

---

1 200규빗

2 또는 것들보다

8

9

10

11

12

13

14

내 양을 먹이라

15

16 또 두 번째 이르시되 요한의 아들 시몬아 네가 나를 사랑하느냐 하시니
이르되 주님 그러하나이다 내가 주님을 사랑하는 줄 주님께서 아시나이
다 이르시되 내 양을 치라 하시고
17 세 번째 이르시되 요한의 아들 시몬아 네가 나를 사랑하느냐 하시니 주
께서 세 번째 네가 나를 사랑하느냐 하시므로 베드로가 근심하여 이르되
주님 모든 것을 아시오매 내가 주님을 사랑하는 줄을 주님께서 아시나이
다 예수께서 이르시되 내 양을 먹이라
18 내가 진실로 진실로 네게 이르노니 네가 젊어서는 스스로 띠 띠고 원하는
곳으로 다녔거니와 늙어서는 네 팔을 벌리리니 남이 네게 띠 띠우고 원하
지 아니하는 곳으로 데려가리라
19 이 말씀을 하심은 베드로가 어떠한 죽음으로 하나님께 영광을 돌릴 것을
가리키심이러라 이 말씀을 하시고 베드로에게 이르시되 나를 따르라 하
시니
20 베드로가 돌이켜 예수께서 사랑하시는 그 제자가 따르는 것을 보니 그는
만찬석에서 예수의 품에 의지하여 주님 주님을 파는 자가 누구오니이까
묻던 자더라
21 이에 베드로가 그를 보고 예수께 여짜오되 주님 이 사람은 어떻게 되겠
사옵나이까
22 예수께서 이르시되 내가 올 때까지 그를 머물게 하고자 할지라도 네게
무슨 상관이냐 너는 나를 따르라 하시더라

DATE . . .

16

17

18

19

20

21

22

23 이 말씀이 형제들에게 나가서 그 제자는 죽지 아니하겠다 하였으나 예수
의 말씀은 그가 죽지 않겠다 하신 것이 아니라 내가 올 때까지 그를 머물
게 하고자 할지라도 네게 무슨 상관이냐 하신 것이러라
24 이 일들을 증언하고 이 일들을 기록한 제자가 이 사람이라 우리는 그의
증언이 참된 줄 아노라
25 예수께서 행하신 일이 이 외에도 많으니 만일 낱낱이 기록된다면 이 세상
이라도 이 기록된 책을 두기에 부족할 줄 아노라

요한복음으로 드리는 기도 하나님, 저 자신이 아닌 주님만 신뢰하게 하소서.
오직 주님만 사랑하는 열심으로 주어진 사명을 잘 감당하는 참 제자가 되게 하소서.

DATE . . .

23

24

25

말씀 적용하기

세움 요한복음을 쓰다(1단)

초판 1쇄 발행 2021년 4월 26일

펴낸이 곽성종
기획편집 방재경
디자인 투에스

펴낸곳 (주)아가페출판사
등록 제21-754호(1995. 4. 12)
주소 (06698) 서울시 서초구 효령로8길 5 (방배동)
전화 584-4835(본사) 522-5148(편집부)
팩스 586-3078(본사) 586-3088(편집부)
홈페이지 www.iagape.co.kr
판권 ⓒ (주)아가페출판사 2021
ISBN 978-89-537-9645-4 (04230)
978-89-537-9642-3 (세트)

본서에 사용한 『성경전서 개역개정판』의 저작권은 재단법인 대한성서공회 소유이며
재단법인 대한성서공회의 허락을 받고 사용하였습니다.

저작권법에 의하여 한국 내에서 보호받는 저작물이므로
무단전재와 복제를 금합니다.

아가페 출판사